W0361481

Éloge du cheval

DU MÊME AUTEUR

Chez Albin Michel

LA CUISINE D'AMÉLIE : 80 RECETTES DE DERRIÈRE LES FAGOTS, ouvrage illustré par Jul, 2008

Chez Albin Michel jeunesse

DES SOURIS ET DES MÔMES, 2010

LA VRAIE HISTOIRE DE LA FEMME SANS TÊTE, 2011

Chez d'autres éditeurs

CARRÉMENT BISCUITS, Renaissance du Livre, 2012

CARRÉMENT PRALINES, Renaissance du Livre, 2013

AIMER LYON, Mardaga, 2018

JULIETTE NOTHOMB

Éloge du cheval

ALBIN MICHEL

© Éditions Albin Michel, 2022

À Maurice,
à Gaï,
à Edmond,
à Patricia,
à Désirée,
cinq générations de cavaliers

Prologue

Première leçon

J'avais huit ans. Je contemplais derrière une barrière ce que dans le jargon on appelle une « reprise », c'est-à-dire une file de cavaliers tournant sur la piste sablonneuse du manège d'un petit village proche d'Osaka, au Japon, où mon père exerçait la profession de diplomate.

J'avais déjà vu des chevaux au gré des nombreux voyages qui avaient rythmé ma petite enfance, notamment au Canada, mais seulement de loin. J'étais aussi captivée par leur apparition dans les westerns, les films de cape et d'épée ou les dessins animés, surtout dans *La Belle au Bois dormant.*

J'attendais chaque fois avec impatience le moment où surgiraient le prince charmant et son cheval Samson, dont la bravoure atteignait presque celle de son maître, pour combattre la fée Maléfique transformée en dragon. J'étais aussi une lectrice passionnée de *Lucky Luke*, bande dessinée où Jolly Jumper, le « cheval le plus rapide de l'Ouest », fait jeu égal avec le « cow-boy solitaire », ou de *Michel Strogoff*, roman qui enflammait mon imagination. Devant acheminer des documents top secret à cheval, le héros doit sans cesse ruser ou décamper pour échapper aux Tartares sanguinaires, cavaliers si spectaculaires et agiles qu'on les croirait nés quasi-centaures. Cet enthousiasme naissant trouvait naturellement son prolongement dans mon coffre à jouets, où se côtoyaient une foule de figurines en plastique et Poly, mon cheval en peluche. Que de cavalcades ont ainsi martelé mon jeune esprit, bien avant que je ne monte moi-même ! Ce goût s'est développé d'autant plus vite que, selon l'expression consacrée, je suis « tombée dedans » quand j'étais toute petite. Ma famille compte en effet parmi ses ancêtres nombre de cavaliers émérites. Mon arrière-grand-père était général de cavalerie ; mes deux grands-pères montaient aussi, l'un en tant que soldat, l'autre par passion ; même chose du côté des femmes : ma grand-mère paternelle fut une cavalière aguerrie, galopant en amazone dès son adolescence, tandis qu'une de mes tantes préférées était férue d'équitation.

Mais ce jour-là au Japon, pour la première fois, j'étais tout près. J'entendais le battement sourd des sabots qui changeait selon que le professeur intimait l'ordre de passer au trot ou au galop ; je percevais le renâclement des naseaux et cette odeur caractéristique, mélange de sueur, de cuir et de foin, mais aussi cette tiédeur qui émanait des « robes » – terme élégant qui désigne le pelage des chevaux – couvertes de l'écume de l'effort. J'étais fascinée.

Ma grand-mère maternelle, elle aussi amoureuse des chevaux, m'accompagnait. Remarquant mon intérêt et ma curiosité, elle me proposa aussitôt d'essayer. J'étais irrésistiblement tentée mais aussi un peu effrayée, tiraillée. J'allais devoir m'approcher, toucher le cheval, monter dessus et, qui sait, risquer de tomber. Je mesurais l'épreuve qui se présentait à moi, et la témérité inédite qu'elle réclamait. Certes j'étais une enfant parfois frondeuse. Je mettais facilement les poings sur les hanches pour protester contre les injustices, ou écumer contre le diktat parental de se coucher tôt le soir ou d'être privée de BD tant que je n'aurais pas lu un « vrai » livre. En revanche, j'étais froussarde dès que la moindre situation un peu dangereuse se présentait à moi. Je n'ai par exemple jamais osé sauter du haut du vertigineux plongeoir de cinq mètres de la piscine du club sportif réservé aux étrangers de Pékin. Quand il y avait danger, j'obéissais alors comme par miracle aux recommandations de ma mère, aussi peureuse que moi. Mais cette fois, le désir l'emporta, encouragé par mon aïeule qui, entre autres épreuves, avait connu l'exode de la seconde guerre mondiale, et n'avait plus peur de rien! Et je l'entends encore décréter d'un ton qui ne tolérait ni refus ni hésitation : «Allez, je t'offre ta première leçon!»

Quand je fus posée sur le paisible et docile canasson réservé aux débutants, une onde électrique traversa mon petit corps. Dès les premiers mouvements du cheval, ma chair, mes os, mes muscles vibrèrent à l'unisson avec le frémissement et la chaleur de l'échine à travers la selle de cuir, tandis que mes narines s'emplissaient de ce parfum équin qui allait me devenir si familier.

Malgré mon manque total d'expérience, j'ai tout de suite montré des dispositions à ne faire qu'un avec ma monture, aptitude sur laquelle je me concentrais encore plus, m'appliquant à suivre à la lettre les injonctions du professeur : « Serre les jambes », « Assouplis ton dos pour coller au cheval sans sauter sur ta selle »…

Grande est cependant l'outrecuidance du cavalier novice, et je ne fis pas exception à la règle. Sitôt perchée sur ma monture, comme beaucoup de débutants, je ne rêvai que de partir immédiatement en promenade en forêt, sur la plage et galoper à l'infini, sauter barrières et rivières, franchir dunes ou montagnes… Mais tout apprentissage prend du temps, et celui de l'équitation encore plus, surtout à mon époque. Les élèves devaient d'abord faire du manège, beaucoup de manège et encore du manège. Du pas et du trot. Le galop viendrait plus tard, lorsque la fameuse « assiette », cette faculté que tout cavalier doit acquérir, est enfin atteinte : il s'agit de demeurer assis sur la selle avec une fluidité naturelle et non commandée. Certes au pas c'est très facile, mais au trot et au galop (à l'exception du trot enlevé et du fameux galop « en suspension » des jockeys, pratiqué sur des étriers très courts, les fesses détachées de la selle et le dos à l'horizontale vers l'avant afin d'assurer un aérodynamisme maximal) c'est tout autre chose, le corps se raidissant, par réflexe, pour prévenir les chocs. Or, aucun cheval n'obéit à un cavalier si tendu qu'il rebondit sur sa selle comme une balle, sans aucune confiance en lui-même, en son équilibre et en sa monture. Ce manque de sérénité est immédiatement ressenti par l'animal qui se fiche alors de son cavalier comme d'une guigne, ignorant son autorité, et devenant parfois même si rétif qu'il cherchera à se débarrasser de l'importun à la première occasion.

Certains cavaliers possèdent cette assise de manière tout à fait naturelle. Il n'en fut pas de même pour moi ; ce n'est qu'après de nombreux cours que je finis par comprendre comment détendre mon dos, mais aussi tout mon corps et mon esprit pour trotter et galoper, puis pour franchir de modestes obstacles, et enfin pour atteindre le graal tant espéré : quitter les barrières du manège.

Lors de cette première leçon, au-delà des ordres de l'instructeur qui me demandait de me faire obéir de cet animal immense malgré mon jeune âge et ma taille menue, ce qui me troublait encore plus, c'était la puissance physique et vitale qui s'en dégageait. Cela produisait en moi un vertige, une ivresse étrange, qui n'avait rien à voir avec l'euphorie puérile ressentie sur les manèges de fête foraine, avec leur musique entêtante et les mouvements mécaniques des destriers de bois. Malgré la placidité de mon cheval de débutante, je comprenais que cet être de chair, de sang et d'instinct pouvait à tout moment se révéler incontrôlable. Aussi me sentais-je grande, au sens propre comme figuré, de parvenir à manœuvrer une telle splendeur de la nature, éprouvant cette émotion inouïe, ce sentiment débordant et paradoxal de soumission et de toute-puissance né de l'union parfaite du cavalier et de son cheval si bien décrit par Marguerite Yourcenar dans les *Mémoires d'Hadrien*[1], lorsque l'empereur romain évoque sa monture : « Entre Borysthènes et moi, les rapports étaient d'une netteté mathématique : il m'obéissait comme à son cerveau, et non comme à son maître [...]. Mon cheval remplaçait les mille notions approchées du titre, de la fonction, du nom, qui compliquent l'amitié humaine, par la seule connaissance de mon juste poids d'homme. Il était de moitié dans mes élans ; il savait exactement, et mieux que moi peut-être, le point où ma volonté divorçait d'avec ma force. »

La jeune cavalière conquise que je devins subit quand même quelques déconvenues. Ainsi, ma sœur Amélie, mon frère André et moi nous laissâmes un jour tenter par les balades à cheval proposées sur la plage de Tottori, station balnéaire de la mer du Japon où nous nous rendions parfois en famille. Pendant la promenade, les moniteurs tenaient la bride du cheval monté par le touriste, le menant sur un maigre parcours d'à peine quatre cents mètres. Gonflée d'orgueil après mes premières vraies leçons d'équitation, mais aussi d'une certaine condescendance à l'égard de ma sœur et de mon frère qui étaient des non-initiés, je vécus cette expérience comme une régression, presque un camouflet, comme si, après avoir acquis l'équilibre sur un vélo, on m'avait contrainte à remonter sur un vulgaire tricycle aux côtés d'une bande de mouflets ignares ! Ma mauvaise humeur fut cependant vite dissipée par la griserie. Perchée sur mon cheval et contemplant la plus haute dune de sable du Japon, je ne me sentis alors rien de moins que l'égale de Bonaparte s'adressant à son armée lors de la campagne d'Égypte en 1798 : « Soldats, songez que, du haut de ces pyramides, quarante siècles d'histoire vous contemplent. » Mais surtout j'étais étourdie par un sentiment inédit de liberté, que ma sœur Amélie, qui fut elle-même cavalière pendant quelques années, a évoqué de manière pénétrante et charnelle dans son roman autobiographique *Le Sabotage amoureux*[2], où elle fantasme un vélo en cheval : « Ce cheval est un cheval. Dès qu'il y a libération par la vitesse et le vent, il y a cheval. J'appelle cheval non pas ce qui a quatre jambes et produit du crottin, mais ce qui maudit le sol et m'en éloigne, ce qui me hisse et me force à ne pas tomber, ce qui me piétinerait à mort si je cédais à la tentation de la boue, ce qui me fait danser le cœur et hennir le ventre, ce qui me jette dans une allure si frénétique que je dois plisser les paupières, car la lumière la plus pure n'éblouira jamais autant que la gifle de l'air.

« J'appelle cheval cet endroit unique où il est possible de perdre tout ancrage, toute pensée, toute conscience, toute idée du lendemain, pour ne plus être qu'un élan, pour n'être que ce qui déferle.

« J'appelle cheval cet accès à l'infini et j'appelle chevauchée ce moment où je rencontre les multitudes de Mongols, de Tartares, de Sarrasins, de Peaux-Rouges ou autres frères de galop qui ont vécu pour être cavaliers, c'est-à-dire pour être.

« J'appelle cavalcade l'esprit qui rue des quatre fers, et je sais que mon vélo a quatre fers et qu'il rue et que c'est un cheval.

Éloge du cheval

« J'appelle chevalier celui que son cheval a arraché à l'enlisement, celui que son cheval a rendu à la liberté qui siffle aux oreilles. »

I

L'aube

L'aube est la métaphore facile pour tous les débuts, avec son cortège de lueurs annonciatrices et ses promesses de jour nouveau et d'espoir. Pour évoquer le cheval, et la passion que je lui voue, elle revêt tout son sens.

J'étais à l'aube de ma vie quand j'ai rencontré le cheval – même si à huit ans, comme beaucoup d'enfants, je commençais certaines de mes phrases par un audacieux « Quand j'étais petite… », estimant que j'avais déjà derrière moi toute une vie. Mais l'aube est aussi associée au premier nom du cheval. Les zoologistes ont en effet baptisé « cheval de l'aube » ou *eohippus* (du grec ancien *eos*, « aube », et *hippos*, « cheval », qui donna ensuite le latin *hippus*) le premier quadrupède qui présentait toutes les caractéristiques physiologiques du cheval et dont les fossiles ont été découverts en Angleterre en 1841 par le paléontologue Richard Owen. L'*eohippus* vivait entre soixante et quarante-cinq millions d'années avant notre ère et peuplait l'Asie, l'Europe et l'Amérique de l'hémisphère Nord. Avec ses trente-cinq centimètres au garrot, ce mammifère ongulé ressemblait à un chien avec des doigts. Il s'agissait pourtant bien déjà d'un cheval. En effet, son crâne, son encolure, ses naseaux et sa crinière, mais aussi ses pattes aux ongles durs, sortes de mini-sabots, préfiguraient de fait le genre équin.

Intriguée par cette créature disparue dont j'avais découvert l'existence dans une encyclopédie du cheval qui relatait, dessins à l'appui, son évolution, j'inventai un nouveau jeu, consistant à déclamer dans l'ordre et sans reprendre mon souffle les étranges noms que les chevaux avaient revêtus au cours des millénaires : *eohippus, mesohippus, miohippus, merychippus, pliohippus, equus* puis *equus caballus*[3]. Pour l'enfant que j'étais, cette énumération s'énonçait comme une comptine entêtante, aux paroles aussi curieuses qu'ésotériques.

C'est dans cette même encyclopédie que j'appris que du genre *equus* descendait également le poney, qui physiologiquement est un cheval de petite taille présentant souvent une forme trapue, un pelage fourni et une robustesse remarquable : combien de fois n'ai-je pas vu, avec autant d'amusement que d'étonnement, le plus petit (et teigneux !) poney du manège que j'ai fréquenté quelques années plus tard aux États-Unis, dans l'Upstate New York (nord de l'État de New York), enfourché sans vergogne par de grands ados, et même des adultes ! Ce shetland judicieusement baptisé Tiny Tim (Tim le Minuscule) qui devait mesurer tout au plus quatre-vingt-dix centimètres au garrot et pourtant lesté de ces lourds cavaliers dont les jambes traînaient par terre, semblait se jouer de son fardeau comme s'il se fût agi d'une mouche un peu énervante et trottait sans paraître peiner le moins du monde. Une conformation due à des capacités d'adaptation à des habitats sauvages et à des climats rudes… Mais il existe également des poneys aussi fins et délicats que leurs grands frères chevaux, quand leur lignée n'a pas été confrontée aux mêmes aléas de la nature.

D'*equus* viennent aussi les ânes sauvages, hémiones et onagres présents en Asie, et enfin les ânes et zèbres originaires d'Afrique[4]. Contrairement à toutes les autres espèces du genre, le zèbre n'a jamais pu être domestiqué malgré de nombreuses tentatives au cours des siècles. Selon la professeure en sciences équestres de l'université de Nottingham Trent Carol Hall, c'est parce que cet équidé rayé vit en Afrique et constitue un gibier pour les fauves ; il a donc appris à se défendre très férocement par des ruades meurtrières capables, selon la spécialiste, de casser la mâchoire d'un lion, mais aussi par des morsures terribles et des techniques de fuite telles que l'esquive, empêchant de le prendre au lasso. Par ailleurs, le zèbre ne répond à aucun des quatre critères d'aptitude à la domestication établis dans la seconde moitié du XIXe siècle par un des disciples de Darwin et fondateur de l'eugénisme, Francis Galton : il faut « que l'animal ait un certain goût du confort, qu'il soit facile de s'en occuper, qu'il soit utile à l'homme ou qu'il en apprécie la compagnie ». Au lieu de dire « têtu comme un âne » pour vilipender le caractère buté de quelqu'un, il conviendrait de dire « têtu comme un zèbre». En revanche, en vertu du caractère imprévisible de ce dernier, on a raison de qualifier une personne fantasque de «drôle de zèbre»…

D'autres races sont le fruit d'unions naturelles entre équidés, comme les mulets et bardots, hybrides entre chevaux et ânes, et peuvent dans certains cas se reproduire entre eux. Plus rarement, ils peuvent être le fruit de croisements opérés par l'homme comme le falabella d'Argentine, créé au XIXe siècle. Haut comme trois carottes ou presque (soixante-quinze centimètres au garrot), il n'est pas, contrairement à ce que l'on peut croire, un poney mais bien un petit cheval (c'est même le plus petit du monde), de même qu'une langoustine n'est pas une grande crevette mais un petit homard…

Comme tout être vivant, le cheval a dû s'adapter: à son milieu naturel, au climat, à ses prédateurs, ainsi qu'à l'évolution de ces facteurs eux-mêmes. Ainsi, *l'eohippus* originel a grandi, son crâne a changé de forme, sa mâchoire et ses dents se sont renforcées pour lui permettre de paître davantage – et, partant, de devenir plus puissant – et le nombre de ses doigts a diminué pour n'en former plus qu'un, plus résistant : le sabot. Je me revois d'ailleurs enfant répéter à mon entourage : « Ils en ont eu de la chance, les maréchaux-ferrants : sans l'évolution, pas de métier ! » Et quel métier : « À cause d'un cheval bien ou mal ferré, des royaumes peuvent être conquis ou perdus », écrit la romancière britannique Susan Fletcher dans son livre *Un bûcher sous la neige*[5].

Au cours de sa lente transformation de « chien de prairie » à étalon des steppes, le cheval croisa la route des hommes, eux aussi en pleine évolution et à l'aube de leur histoire. Sa puissance, son endurance et son abnégation allaient devenir indispensables à la survie, aux travaux et aux déplacements humains. Par un effet d'adaptation à un nouveau milieu, à une nouvelle nourriture, ou sous l'effet de croisements, la domestication entraîna par ailleurs, au cours des siècles, une modification de son génome et donc de ses muscles, de son ossature, ou de son système cardiaque – une découverte récente liée aux progrès de la génétique tant humaine qu'animale et à la connaissance de l'ADN. Le fait que le cheval devienne l'auxiliaire de l'homme allait aussi avoir un impact sur son comportement social, ses facultés d'apprentissage et sa capacité à résister à la peur, aptitude qui allait se révéler cruciale notamment sur les terrains de guerre.

Quant à moi, au fur et à mesure de mes leçons au Japon, je gagnais en assurance et m'améliorais. Jusqu'au jour où mon professeur, un jeune Américain, estima que j'étais prête pour le galop, cette allure qui fait rêver tout cavalier car c'est la plus enivrante, aventureuse et romantique : en effet, un prince charmant sur son cheval blanc ne vous enlève pas au trot et encore moins au pas, Lucky Luke ne poursuit pas les Dalton en musardant sur son Jolly Jumper jaune et blanc ! Mais quand je ressentis ces secousses, cet emballement, ce rythme ternaire beaucoup moins rassurant que ceux, binaires, du pas et du trot, sans compter la vitesse qui vous siffle aux oreilles, et le sable de la piste du manège qui d'un seul coup s'élève en nuages brouillant la vision, les champs et prairies environnants défilant alors comme des lignes vertes quasi imperceptibles, la peur surgit, massive, entière, et je perdis le contrôle de moi-même et par conséquent celui de mon cheval. Je fis exactement le contraire de ce qu'il fallait : je me pliai en deux en m'agrippant à la crinière de ma monture comme s'il se fût agi du Radeau de *La Méduse* en pleine tempête. Le professeur eut un mal de chien à me faire comprendre que l'encolure de mon cheval était le contraire d'une planche de salut et qu'en cette position je laissais tout loisir à ma monture, me sentant paniquée, de faire de moi ce qu'elle voulait. « Mais *pourquoi* te penches-tu en avant ? » hurlait-il, exaspéré. Rien n'y faisait, ses injonctions me terrorisaient encore plus. Au bout de quatre ou cinq leçons cependant, le miracle se produisit, sans doute parce que je craignais plus encore les éructations de mon prof et les railleries de mes condisciples de reprise – japonais ou étrangers comme moi, qui me regardaient avec commisération – que la fulgurance de cette allure : j'essayai de me tenir droite, légèrement inclinée vers l'arrière, et m'abandonnai enfin. Ce fut alors délicieux de se laisser entraîner par la vitesse, d'autant plus que le galop est une allure très agréable, beaucoup plus que le trot saccadé. De ce jour, j'attendis le « moment galop » à la fin de chaque leçon comme la récompense, l'acmé cavalière où le plaisir était décuplé !

Cette leçon hebdomadaire était vraiment le sommet de ma semaine dans une vie japonaise déjà aussi douce que belle, et qui s'apparentait dans mon cœur d'enfant au Paradis. Nous habitions une jolie maison dans un charmant village au pied des collines du Futatabi qui, au printemps, devenaient roses d'azalées sauvages et, en automne, chamarrées d'ors et de vermillon. Notre école canadienne anglophone était perchée au sommet de ce massif, et de la cour de récré, nous pouvions admirer la ville de Kobé et la baie d'Osaka. Par ailleurs, le système éducatif de cette école était relativement souple. En maternelle, les cours, dispensés seulement le matin et juste destinés à apprendre l'anglais à ceux qui ne le parlaient pas et à socialiser les petits, se résumaient à jouer aux chaises musicales ou à confectionner des cupcakes.

Puis, en *first grade* (équivalent du CP), nous avions rarement des devoirs et l'écriture se faisait au crayon – je n'ai pas connu le cauchemar des pâtés d'encre réprimandés par le professeur ! Quand celui-ci entrait en classe, il ne fallait même pas se lever ; ce n'est que beaucoup plus tard, en entrant au lycée français de New York, que je dus me plier à cette marque de respect qui la première fois me parut risiblement guindée. Mon seul martyre était la leçon de japonais, trop avancée pour mon niveau et où je me perdais, alors que ma petite sœur, élève au *yôtchien* (maternelle japonaise), parlait quasi couramment cette langue, je n'en concevais cela dit aucune jalousie, ma nature de cancre ne m'ayant jamais pétrie d'orgueil.

Cet unique écueil au milieu de mon existence insouciante ne faisait qu'aiguillonner davantage mon désir de rejoindre, les cours terminés, mon cher manège pour ma leçon tant espérée.

C'est aussi au Japon que je découvris que mon animal favori était loin d'être étranger au monde de la musique. Lorsque j'avais cinq ans, mes après-midi d'élève de maternelle, on vient de le voir, étaient libres. Sans devoirs à faire et toute seule car ma petite sœur faisait encore la sieste tandis que mon frère était déjà à la « grande école », je n'avais pour seule occupation que de bâtir des cimetières pour fourmis ou dessiner de sempiternelles maisons surmontées de soleils à rayons jaunes et entourées de gazons d'un vert criard. Ce « désert culturel et artistique » fut heureusement comblé par la passion de ma mère pour la musique classique, dont les trente-trois tours passaient en boucle comme un enchantement. De Bach à Tchaïkovski en passant par Chopin ou Mozart, des *kyrie* aux opéras de Verdi jusqu'aux *Lieder* de Schubert, j'ai vite associé certains airs célèbres aux pas du cheval, l'évidence auditive alliant d'emblée la *Marche turque* de Mozart et la *Rhapsodie hongroise* n° 2 de Liszt, où l'oreille la moins expérimentée perçoit immédiatement le martèlement des sabots sur le sol ; quant à la *Chevauchée des Walkyries* de Wagner, la concordance s'impose d'elle-même. Que dire enfin du Great Galloping Gottschalk, surnom plus qu'évocateur donné par les Américains à un de leurs grands compositeurs de pièces pour piano du XIXe siècle, Louis Moreau Gottschalk, les morceaux de celui-ci martelant gaiement le clavier de mélodies bondissantes et enthousiastes...

Équitation et musique ont trouvé leur point de jonction dans l'art de la guerre, qui a depuis toujours été menée au son des trompes puis du tambour, du clairon et du fifre, dont les joueurs étaient souvent à cheval ; une association que l'on retrouve dans les spectacles de cirque ou de dressage, des écuyères de Bouglione aux performances libres et sauvages des spectacles de Zingaro, en passant par le ballet équestre de lipizzans de l'École espagnole de Vienne au son des valses de Strauss.

II

La conquête

« La plus noble conquête que l'homme ait jamais faite est celle de ce fier et fougueux animal qui partage avec lui les fatigues de la guerre et la gloire des combats ; aussi intrépide que son maître, le cheval voit le péril et l'affronte, il se fait au bruit des armes, il l'aime, il le cherche et s'anime de la même ardeur ; il partage aussi ses plaisirs, à la chasse, aux tournois, à la course, il brille, il étincelle. » Cette phrase du naturaliste et philosophe du XVIIIe siècle Buffon, passée à la postérité, est sans doute la formule qui dans l'imaginaire collectif évoque le mieux le lien qui unit l'homme au cheval. Souvent présentée de manière tronquée, réduite à son amorce – alors que la suite a toute son importance, nous y reviendrons – c'est sous cette forme expurgée que je l'ai lue pour la première fois à sept ans, dans une BD de vulgarisation historique. Le « fier et fougueux animal » en question était un gros cheval de labour, serviteur dévoué mais pas noble pour deux sous d'avoine, prénommé Roussin. Quoi ? Ce bourrin était une « noble conquête » ? Noblesse paysanne sans doute, avec son corps trapu et sa crinière en bataille, mais rien à voir avec mon imaginaire de fillette peuplé de splendides destriers montés par de preux chevaliers du Moyen Âge… Quant à la signification de la formule, j'ai pensé que cette « conquête » tombait sous le sens, parce que l'homme avait besoin du cheval, sans m'interroger davantage. Relisant un an et quelques leçons d'équitation plus tard cette phrase, elle se mua en un constat relevant autant de l'expérience que de l'autosatisfaction : de jeunes personnes comme moi pouvaient s'arroger la gloire d'avoir conquis cet animal supérieur.

À l'âge que j'avais alors, on n'est pas encore altruiste. L'enfant non policé est un oligarque patenté doublé d'un champion de l'égocentrisme. Sans la moindre malice, il est convaincu d'être le centre du monde, et de régner sur celui-ci de manière aussi viscérale qu'inaliénable. En vertu de quoi j'avais évidemment conquis de plein droit le cheval, et cela ne prêtait guère à discussion.

Ces mots de Buffon, même dans leur version abrégée, pourraient aujourd'hui choquer, en particulier les défenseurs de la cause animale qui s'insurgeraient, au nom du respect du cheval, contre cette glorification d'un servage légitime au XVIIIe siècle mais si discutable au XXIe. Il convient cependant de les replacer dans leur contexte. Aux époques où elle s'est exercée, la conquête du cheval était pour l'homme une nécessité. L'animal s'est vite imposé comme un moyen de transport rapide, un porteur et un auxiliaire de travaux fiable. Plus généralement, la domestication des animaux a souvent apporté au genre humain force et vélocité. Ainsi le chien pouvait-il défendre et garder le bétail, le bœuf porter ou traîner des charges, le cheval permettre de se déplacer. Et ce dernier avait un atout supplémentaire : nul besoin de le nourrir. Même en hiver il broute à travers la neige, alors qu'il faut procurer du fourrage au bétail. Il fallait donc absolument s'emparer de cet animal robuste, polyvalent et économique.

Pendant la préhistoire, quand les hommes étaient nomades et chasseurs-cueilleurs, les chevaux n'étaient qu'un gibier comme un autre, implanté depuis des millénaires en Amérique du Nord, Asie, Eurasie et Afrique du Nord. Ces chevaux vivaient en hardes, selon les mêmes « lois » que les chevaux sauvages qui subsistent aujourd'hui, dans l'Ouest américain notamment : une troupe de juments et un étalon, qui évince ses rivaux jusqu'à ce qu'un jour il soit limogé lui-même par un mâle plus jeune et plus fort.

Dès la fin du paléolithique (5 500 avant J.-C.), l'homme apprivoisa des poulains et autres jeunes animaux orphelins. Il est en effet moins difficile de s'emparer de poulains en détresse que d'adultes dans la force de l'âge capables de ruades meurtrières. Ces premiers chevaux domestiqués étaient d'abord destinés à être mangés, mais aussi à fournir de la chair sacrificielle, cette dernière étant déjà considérée comme noble. Ainsi au IIIe siècle de notre ère l'Inde pratiquait-elle encore les sacrifices chevalins, comme l'écrit le chercheur en science des religions David Brodeur : « Le sacrifice du cheval devient ici une allégorie pour communiquer avec le “soleil intérieur”, étant donné la signification ancienne du cheval qui l’associe aux aspects solaires de la divinité. » Cette vision des choses est tirée des Védas, que l’on peut très schématiquement, bien que cela soit réducteur, assimiler à des « évangiles de l’hindouisme ». En effet, les antiques civilisations proto-indo-européennes considéraient le cheval, censé tirer le chariot du soleil, comme un élément à part entière de cet astre divin. Témoignage supplémentaire de l’aura chevaline dans notamment l’hindouisme, dont l’iconographie de son large panthéon s’apparente à un bestiaire fabuleux tant il est riche et divers, avec, par exemple, la figure de Hayagriva. Doté d’un corps humain et d’une tête de cheval – l’inverse du centaure de notre Antiquité gréco-latine, ce qui n’est pas innocent puisque jusqu’à preuve du contraire c’est la tête qui est pensante ! –, ce dieu est un des multiples avatars de

Vishnou, le grand dieu protecteur de la trilogie hindoue. Hayagriva représente connaissance et sagesse. Même si cette dernière qualité peut faire sourire les cavaliers qui, le plus souvent, hésiteraient à qualifier de « sage » cet animal susceptible d'avoir un comportement fou-fou à la limite du fantasque, cette attribution divine prouve le respect des anciens à l'égard du prestigieux et indispensable cheval.

Ce n'est que lorsque l'homme, devenant sédentaire, découvrit l'agriculture, qu'il utilisa peu à peu le cheval comme outil et non plus exclusivement comme nourriture, que ce soit pour sa viande ou pour son lait. Animal de trait, aide de labour, moyen de locomotion et force de combat, le cheval ainsi domestiqué resta tout de même un mets de consommation. Il l'est encore de nos jours, nous l'évoquerons plus avant.

La datation de ce tournant se complique, selon que le cheval domestiqué appartienne à l'espèce *equus caballus* que nous connaissons aujourd'hui ou au primitif cheval de Przewalski, ce petit équin rustique et trapu de couleur beige et à la crinière noire hirsute, race des steppes de l'Est éteinte à l'état sauvage depuis les années 1960 et réintroduite en Mongolie dans les années 1980. Si aucun repère exact n'est établi à ce jour pour le premier, des traces de domestication du second ont été trouvées au Kazakhstan dans les vestiges de la culture de Botaï, datant de vers 5500 avant notre ère : dents de chevaux usées par le mors, traces ADN de lait de jument dans des jarres que l'on retrouve aussi environ deux mille ans plus tard en Europe.

Quant aux débuts de l'usage du cheval comme monture, ils sont attestés par la représentation d'un homme à califourchon sur l'empreinte d'un sceau appliqué sur une tablette d'argile retrouvée à Ur en Chaldée, datant de la IIIe dynastie d'Ur au XXIe siècle avant J.-C., puis par des bas-reliefs et statuettes étrusques comme sur la Tombe du Triclinium dans la nécropole étrusque de Tarquinia, site qui inspirera à Marguerite Duras le titre d'un de ses romans, ou encore par un cavalier scythe gravé sur un somptueux peigne d'or trouvé en Ukraine et datant du IVe siècle avant J.-C. Des peintures de chars de l'Égypte ancienne ont aussi été découvertes, telles la fresque de l'attelage d'Aménophis II dans le temple d'Amon à Karnak (environ 1500 avant J.-C.) ou plus tardivement les fresques d'attelages ainsi que de cavaliers étrusques comme celle de la Tomba della Scimmia (480-470 avant J.-C.), dans la nécropole située près de l'actuelle ville de Chiusi en Toscane.

Des courses de chars de l'Antiquité jusqu'aux hippodromes modernes, le cheval s'est également vu attribuer un rôle sportif, lequel a même fait de certains de véritables stars qui ont marqué l'histoire de l'équitation comme Jappeloup, cheval français du dernier quart du XXe siècle qui remporta de nombreux titres nationaux et olympiques de saut d'obstacles, ou le fameux Ourasi, champion de course de trot qui rendit bien des tiercés gagnants dans les années 1990.

Pourtant, dompter un cheval est une gageure : un animal jeune non dressé est craintif et nerveux. Il doit accepter que vous l'effleuriez, le caressiez, lui passiez le licou, cette bride sans mors, autour de l'encolure, ensuite il doit tolérer de sentir votre poids sur son dos, puis se soumettre à votre autorité. Cela s'appelle le « débourrage » et ne va jamais sans chutes, coups et bleus. Si je n'y ai moi-même jamais été confrontée, j'ai vu une amie, cavalière aguerrie, se faire débarquer à plusieurs reprises avant que la bête ne finisse par l'accepter sur son dos.

La conquête du cheval et sa domestication initiale ne furent pourtant que le défrichage d'une terre vierge : il restait encore tout, ou presque, à inventer, et le cheval allait plus que tout autre animal accompagner le progrès humain. N'oublions pas que jusqu'au début du XXe siècle, malgré l'invention du train et de l'automobile, le cheval reste le premier mode de transport. Du « cheval-vapeur » d'une locomotive aux « chevaux-moteur », il demeure encore aujourd'hui la référence, que ce soit pour nommer certaines voitures comme la Ford Mustang, ou plus généralement en matière de mesure pour qualifier la puissance des voitures de particuliers ou même de course, notamment dans les grands prix de Formule 1. La prestigieuse « écurie » – ce terme n'est pas anodin – Ferrari a d'ailleurs pour emblème un cheval cabré. En outre, bien après l'époque de la diligence, destinée à ceux qui ne possédaient pas d'attelage, le tramway hippomobile était encore courant dans nos cités d'Europe et d'Amérique jusque vers 1930, malgré le développement du métro dans les grandes villes.

La transition du cheval aux véhicules mécanisés est, somme toute, si récente que des personnes soucieuses de l'environnement préconisent aujourd'hui le retour, au moins partiel, à ce mode de transport, afin de limiter les effets délétères des récents épisodes de canicule et de leurs pics de pollution aggravés par la voiture et les gaz des pots d'échappement. L'idée ne date d'ailleurs pas des années 2000 : après la première crise du pétrole au début des années 1970, quelques excentriques, profitant des « dimanches sans voiture », avaient ressorti de leurs remises carrioles et autres attelages pour mon plus grand bonheur d'enfant, exaltée de voir des chevaux dans les rues japonaises, tandis que mon grand-père m'écrivait qu'en Belgique il en allait de même sur une chaussée près de chez lui, où les voitures défilaient pourtant à grande vitesse les jours de semaine.

Mais avant que le cheval ne s'impose comme un moyen de transport privilégié, le chemin fut long et d'abord lié aux inventions agricoles. Dès le néolithique apparut le moulin à grain sous forme de meule de pierre actionnée par une bête de somme, ou même un esclave... L'araire naquit également au néolithique. Cet instrument de labour creusait le sol mais ne retournait pas la terre, comme le fit plus tard la charrue, mise au point à partir de 300 avant J.-C. et longtemps tirée par des bovins et autres bêtes de somme (voire par le paysan lui-même quand il était trop pauvre pour se procurer un animal de trait). C'est quand apparut le collier d'épaule, notamment pour passer la herse après le labour, afin de briser les mottes et niveler le sol, que le cheval se révéla plus puissant que bovins et mulets pour cette tâche.

En toute jeune passionnée de chevaux, je me souviens d'avoir été soulagée par l'invention de ce collier de bois en forme de lyre. Les livres étaient unanimes : c'était un immense progrès pour le confort du cheval de trait. En effet, jusque-là les chevaux étaient attelés à l'aide d'une sangle souple qui, placée au niveau de la trachée, gênait leur respiration et rendait leur travail pénible. Le collier d'épaule, généralisé au Moyen Âge vers l'an mil, non seulement permit de mieux répartir les forces de traction mais, en dégageant le cou, assurait une meilleure respiration aux bêtes. J'étais en fait très naïve. Le but principal de cette invention, comme tant d'autres en ce domaine, était principalement d'augmenter le rendement. La plupart des technologies d'attelage et d'équitation ont du reste été élaborées dans un souci soit de meilleure efficacité – pour l'homme –, soit de plus grand confort – encore pour l'homme.

Parce que toujours nous pensons d'abord à notre propre bien-être, nous avons aussi œuvré rapidement au salut de notre postérieur. Au début l'homme chevauchait « à cru », c'est-à-dire à même le dos du cheval, ce qui mettait les fesses à rude épreuve. Je l'ai moi-même souvent pratiqué, notamment dans l'Upstate New York où, l'été de mes douze ans, vêtue d'un simple short, je chevauchais Peter Pan, un petit cheval gris-blanc au dos plat et donc confortable. L'expérience fut extraordinaire, car monter un cheval « tout nu » renforce incroyablement la fusion entre cavalier et monture, chacun ressentant directement les muscles, la sueur et même les émotions de son partenaire. J'adorais ça, et je suppose que ma monture aussi, car ne pas porter de selle attachée par une sangle qui serre le ventre en pleine canicule doit être un grand soulagement. Mais j'ai aussi tenté l'expérience, à la même époque et au même manège, sur un hongre – un mâle castré – à la colonne vertébrale saillante, le vieux et maigre Glory Hallelujah, qui ne m'a laissé qu'un cuisant souvenir à l'entrejambe ! Relativisons donc la monte à cru : cela peut être très agréable, ou pas du tout… D'où l'invention de la selle.

Si Xénophon, grand historien-soldat, évoquait déjà celle-ci lors de ses campagnes en Perse au Ve siècle avant J.-C., elle n'apparut en Occident que beaucoup plus tard. À Rome, un bas-relief de la colonne de l'empereur Théodose atteste de son existence au IVe siècle de notre ère. Jusqu'alors, on chevauchait des montures au dos simplement couvert d'une espèce de tapis, la « croupière » ou *ephippium.* « Selle » vient du latin *sella,* « siège, fauteuil », comme l'est la selle western, véritable *pullman-car* ou fauteuil-club de luxe en matière d'agrément pour le cavalier, et en particulier pour le cow-boy qui passe ses journées à cheval…

Les étriers, invention turco-mongole apparue entre le IIIe et le Ier siècle avant notre ère, constituent également un progrès appréciable pour le cavalier : facilité pour monter en selle, gain de stabilité notamment lors des tournois ou à la guerre pour manier épée, lance et arc, repos pour les jambes et possibilité de « trot enlevé », qui consiste à se dresser sur ses étriers un pas sur deux, typique de la monte anglaise (la monte western ne pratique, elle, que le « trot assis », collé à la selle). Ce trot enlevé, d'après mon expérience, évite bien des chocs au niveau des lombaires et nombre de maux de dos, surtout lors de longs trajets. Et je ne pense pas qu'aux cavaliers plus ou moins occasionnels d'aujourd'hui, mais aux voyageurs ou soldats des cavaleries de jadis. En plus, c'est très facile à apprendre et à pratiquer. En général, dès la première leçon on s'en tire bien, car la posture est à la fois instinctive et anatomique, à la différence du trot assis qui est ressenti au début comme un effroyable tape-cul ! Par ailleurs, l'étrier, remonté très haut, permet au jockey le « galop en suspension », cette position de course qui assure un aérodynamisme optimal et une vitesse maximale. Enfin, le joueur de polo monte aussi, comme le jockey, très court pour profiter de la souplesse que cette position haut perchée lui procure. Certes en équitation tout est possible sans étriers, il « suffit » de serrer les genoux… mais la jeune cavalière que j'étais peut vous assurer qu'à moins d'être un as de la voltige, cela relève du calvaire !

En me familiarisant avec le matériel hippique, je constatais que les seuls accessoires apportant réellement un peu de douceur au cheval étaient le tapis de selle, les couvre-bride en simili-peau de mouton et autres jambières et protège-sabots, comparables au serre-tête en éponge du joueur de tennis ou les épaulettes et coudières du hockeyeur. Rien à voir avec les éperons, le fouet ou la cravache qui ne sont en rien un bienfait pour le cheval… L'idée de faire mal ou, pire, de blesser mon cheval avec ce type d'outils s'est vite révélé au-dessus de mes forces, quand bien même on me répétait que c'était « pour son bien »… La fillette égocentrique et sans états d'âme que j'étais commençait enfin, au contact de son animal préféré, à devenir empathique, et à s'intéresser au monde extérieur, qui allait se révéler des plus surprenants.

À l'âge de neuf ans, je quittai en effet le Japon pour la Chine, sans me douter que tout mon univers allait changer et, avec lui, mon rapport au cheval.

III

Le manque

Un matin, mes parents nous annoncent, à ma sœur, mon frère et moi, que nous partons à Pékin. Pour moi, la Chine, c'était Tintin et *Le Lotus bleu*, l'Orient rêvé, une culture millénaire, un pays exotique d'aventures où l'on croisait des mandarins aux tresses noires et aux longs ongles. J'allais vite déchanter.

C'est ainsi que par une chaude nuit de septembre, vers une heure du matin, nous montons à pied, chargés de valises, les quatre étages d'une espèce de laide et sombre HLM sans ascenseur. Épuisés, nous sombrons rapidement dans un sommeil d'oubli. Ma tristesse est immense. J'ai quitté le Japon, contrée de beauté, de montagnes, de rizières et de plages, où nous avons été si heureux. Et puis, j'ai aussi laissé derrière moi mes chers chevaux. Mais je me console : je trouverai sûrement des chevaux chinois, pas plus tard que demain. C'est ce que je me suis promis cette nuit-là, juste avant de m'endormir.

J'allais bien évidemment rencontrer des chevaux en Chine, mais pas du tout de la manière que j'imaginais, et sans me douter un seul instant que mon merveilleux monde équestre allait s'effondrer.

Pour comprendre le choc que j'allais encaisser, revenons en arrière et à un séjour à Montréal ayant précédé notre arrivée au Japon. Cette ville a maints attraits, dont pour les passionnés de chevaux la police montée. Ce n'est pas la seule au monde à disposer d'une maréchaussée cavalière. J'en verrai plus tard à New York, Bruxelles, Londres,

Paris ou Rome. Cependant, la police montée de Montréal avait à l'époque où nous y vivions, et jusqu'en 1995, quelque chose de spécifique et unique : toute sa gent chevaline, sans exception aucune, était composée de palominos issus des *poneys* amérindiens, que l'on voit souvent dans les westerns. Le terme « palomino » désigne tant une race qu'une couleur – robe dorée, queue et crinière blanc argenté – rare même en Amérique du Nord, pourtant terroir d'origine de ces chevaux, qui offraient dans les rues canadiennes un spectacle extraordinaire : des troupes de chevaux d'or et d'argent, impeccablement alignés, montés par les *mounties*, cavaliers revêtus d'un uniforme à la veste écarlate et aux boutons dorés.

Outre-Atlantique, le cheval est aimé et respecté, héritage des premiers colons anglais et irlandais, nations où le cheval est roi, mais aussi symbole de la conquête de l'Ouest. Même chose au Japon, où le cheval est perçu comme un animal de grande noblesse, monture des samouraïs et des *daïmyos*, ces nobles militaires gouverneurs de province. Au pays du Soleil Levant, il évoque toujours aristocratie, tradition ancestrale et glorieux passé qui se poursuit aujourd'hui encore dans l'élevage de champions comme Deep Bond et Chrono Genesis qui ont participé en 2021 au Qatar Prix de l'Arc de Triomphe, compétition considérée comme le graal absolu par les Japonais. Cheval extraordinaire, Deep Impact est monté par Yutaka Take, jockey lui aussi idolâtré. Le duo participa ainsi en 2006 à une course à l'hippodrome du bois de Boulogne à laquelle assistèrent plus de six mille Japonais passionnés et quelque deux cents journalistes nippons venus à Paris spécialement pour l'événement !

J'avais donc passé les premières années de ma vie en des contrées où la noblesse et le prestige du cheval étaient des évidences.

Retour à Pékin, en ce premier matin de septembre. Dès mon réveil, je pressai mes parents : « Je voudrais voir des chevaux et trouver un manège pour continuer mes leçons d'équitation. » Nous étions dimanche, le dernier jour des vacances, c'était le moment ou jamais d'effectuer cette recherche. Ce jour-là, j'appris brutalement deux choses : le mot « réactionnaire », et surtout ses conséquences sur ma passion.

Au début des années 1970, la Chine n'était pas qu'un classique régime communiste obéissant aux grands principes de l'extrême gauche. Le pays était de surcroît en pleine Révolution culturelle, initiée et instrumentalisée par la sinistrement célèbre bande des Quatre, constituée de sa fondatrice Jiang Qing (« Madame Mao », épouse du Grand Timonier) et de trois tristes sbires, Zhang Chunqiao, Yao Wenyuan et Wang Hongwen, avec à leur botte les Gardes rouges qui perpétraient autodafés en tous genres et semaient la terreur parmi la population. Il ne suffisait plus d'avoir supprimé la propriété privée ou le commerce bénéficiaire, il fallait à présent éradiquer comme la vermine tout ce qui évoquait peu ou prou l'ancien régime impérial et son absolutisme, monarques cruels qui avaient droit de vie et de mort, mandarins omnipotents et corrompus, religion élitiste, culture livresque et artistique réservée aux riches et puissants, traditions séculaires d'avant 1949… Il en résultait que toute musique, peinture, littérature et activité qui n'était ni au service du régime ni utilitaire étaient taxées de « réactionnaires » et automatiquement bannies. Les contrevenants et autres clandestins étaient envoyés en camps de rééducation où ils subissaient travail forcé et lavage de cerveau.

Parmi les activités interdites figurait l'équitation, sport d'aristocrates, souvenir d'une époque féodale pratiquant le servage humain et abhorrée du peuple chinois, mais aussi moyen de transport cher et désuet alors qu'on disposait de vélos dont l'entretien ne coûtait quasiment rien. Surtout, le cheval devait n'avoir plus qu'une mission, comme les humains et tous les autres animaux : servir le régime.

Ce bannissement de l'équitation, pratique jugée « contre-révolutionnaire », a marqué l'Histoire en même temps qu'un autre, dont j'ai été témoin sitôt sur le sol chinois. Avant même de découvrir notre nouveau lieu de vie et à peine arrivés à l'aéroport, nous fûmes frappés par un « détail » qui mit à mal l'image grandiose et sans doute un peu naïve que nous nous faisions de la Chine. En effet, tous les Chinois que nous croisions tandis que nous allions récupérer nos valises en soute buvaient de l'eau bouillante dans de frustes mugs en fer-blanc. Quoi ? Les Chinois ne sirotaient-ils donc pas du thé parfumé dans de délicates tasses en porcelaine translucide ? Nous qui venions du Japon, pays où le thé relève de l'institution sacrée, nous tombions des nues. On nous apprit bien vite que le thé était devenu en Chine une denrée extrêmement chère, à laquelle le peuple exsangue n'avait plus accès. Seuls en bénéficiaient les dignitaires du régime, ou les étrangers que la propagande voulait convaincre de l'indiscutable grandeur de la nouvelle Chine.

Il faut savoir qu'à partir du VIIe siècle de notre ère avait été pratiqué un échange commercial assidu et fructueux entre le Tibet et la Chine, le premier troquant ses chevaux contre du thé fourni par la seconde. Ces robustes spécimens de l'Himalaya étaient destinés à l'armée impériale. Dès que celle-ci avait été remplacée par l'armée révolutionnaire sans cavalerie, les chevaux importés avaient été rétrogradés, passant de montures guerrières à bêtes de somme. La Révolution culturelle honnissant la décadence de l'ignoble ancien régime, il était logique que les deux arts de vivre qui faisaient l'objet de ce commerce soient bannis concomitamment : plus de thé, plus de chevaux. Par conséquent, pour moi, plus d'équitation, plus de cours, plus de manège. Sevrage contraint et forcé. J'étais anéantie. Comment survivre ? Nous allions vivre en Chine pendant deux ans, ce qui, à l'échelle du temps enfantin, correspond à une éternité.

Paradoxalement, des chevaux, en Chine, j'en verrais beaucoup, tous les jours, et partout, alors qu'au Japon c'était beaucoup moins fréquent. Mais jamais de belles montures caracolant sur le pavé, chevauchées par d'élégants cavaliers. Plutôt des carnes étiques qui traînaient des chariots dans les rues de la ville, au milieu d'une mer de cyclistes et de très rares voitures chinoises, de grosses berlines noires des années 1950 léguées par le grand frère soviétique.

Le cheval, comme je l'ai dit, devait être utile, transporter des marchandises, aider le paysan dans son travail. À l'aube des années 1970, l'agriculture chinoise était encore rudimentaire et très peu mécanisée. Pékin n'était pas la mégalopole d'aujourd'hui, mais une petite ville laide entourée de champs. Cette proximité expliquait les nombreuses charrettes tirées par diverses bêtes de somme, qui livraient en ville des piles de choux ou autres denrées rurales. Puisque ces chevaux venaient de la campagne, qu'à cela ne tienne, on allait explorer celle-ci. Montant sur nos vélos (et suivis par un espion du régime déguisé en berger, ou autre travestissement bidon, pour surveiller les activités louches des ressortissants des pays capitalistes), nous allions en famille passer des après-midi dans les champs.

La Révolution culturelle avait aussi taxé arbres et oiseaux de « réactionnaires » et « parasites du régime », les premiers prenant une place non productive sur les cultures, les seconds picorant les graines semées par les agriculteurs. Le régime, intelligentsia bureaucrate et citadine, avait par conséquent donné ordre d'arracher les arbres et de décimer la gent ailée, avec pour résultat une sécheresse dramatique et des invasions d'insectes dignes des plaies d'Égypte. Comment des chevaux, ou tout autre bétail, pouvaient-ils paître sur ce sol aride, où seules les rizières avaient droit de cité ?

Les chevaux vus en ville venaient pourtant bien de ces lieux reculés, désolés, au sol craquelé. C'est là que je vis les seuls « cavaliers » de Chine : des vieillards, des enfants en bas âge ou des gamins aux maigres loisirs, profitant d'une moindre surveillance en ces endroits déserts pour se déplacer ou jouer. J'éprouvai alors, sans évidemment l'avoir lu à l'époque, ce que

Marguerite Yourcenar évoque si justement dans les *Mémoires d'Hadrien*, faisant ainsi parler l'empereur : « Le renoncement au cheval est un sacrifice plus pénible encore : [...] un cheval était un ami. Si on m'avait laissé le choix de ma condition, j'eusse opté pour celle de Centaure. »

Ces tristes constatations faites, je n'avais plus qu'un seul recours : compenser. D'abord en me repaissant du spectacle du moindre cheval attelé que nous croisions en allant à l'école ou en parcourant le quartier à vélo ; ensuite en nous attendrissant bruyamment, Amélie et moi, devant Poly, mon doudou en titre, adorable poney en peluche dont, en bonnes représentantes du régime capitaliste, nous revendiquions chacune la propriété privée ; enfin en pratiquant un ersatz d'équitation. À l'instar de maints fumeurs en sevrage qui compensent le manque en mâchonnant cure-dents ou chewing-gums, ma sœur et moi avions transformé une paires d'échasses de bois en fiers destriers, leur ajoutant une tête découpée dans du carton à laquelle nous avions attaché des rênes en laine à tricoter. Nous chevauchions nos montures de substitution pour galoper en hennissant dans le *compound*, sorte de ghetto plus ou moins luxueux, où le régime confinait les étrangers afin qu'ils ne se mêlent pas aux Chinois qu'ils risquaient de pervertir par leurs mensonges de suppôts du capital.

Mes parents me prirent en pitié d'endurer une telle privation et se mirent en quatre pour me la rendre moins insupportable. Tout était bon : livres équestres commandés en Belgique, vêtements imprimés de chevaux, et j'en passe. Parmi tous ces cadeaux, celui qui est toujours cher à mon cœur est une statuette en terre cuite peinte et vernissée représentant un cheval de la dynastie Tang (618-907 de notre ère), d'une hauteur de cinquante centimètres environ. A l'époque, ces bibelots produits par centaines ne coûtaient pas grand-chose, mais aujourd'hui, ils sont considérés comme les reliques et le témoignage d'une époque tristement célèbre, et ont acquis une valeur iconographique non négligeable sans compter celle, sentimentale, que revêt pour moi cette figurine qui trône encore sur ma commode, tout étincelante de sa robe alezane et de sa selle vert émeraude.

J'ai profité de cette période chinoise pour lire les très populaires séries de romans *L'Étalon noir* de Walter Farley ainsi que les *Flicka* de Mary O'Hara, des incontournables pour tous les enfants cavaliers de mon époque et, qui sait, d'aujourd'hui. Il est question, dans cette dernière série, de l'amitié entre un petit garçon, Ken, et sa jument Flicka, dans le Wyoming des années 1940. Ces lectures ont, avec les *Lucky Luke*, nourri ma passion pour le mythique Ouest américain, regorgeant de cow-boys, d'Indiens et de troupeaux de chevaux sauvages, tout en me permettant d'adoucir le manque.

C'est en ce Pékin ancien, où j'ai été très heureuse malgré l'absence de pratique équestre, que j'ai vu les attelages les plus bizarres. Une carriole était souvent attelée à la fois d'un zébu, un cheval, un âne ou même un chameau. Ce mélange entre espèces était étonnant et me semblait parfois d'une parfaite absurdité : ainsi un véhicule pouvait-il être tracté par un ou deux chevaux, précédés d'une dizaine de mètres par un âne attaché seulement par des cordes ; résultat, seuls les chevaux placés entre les brancards tiraient la charrette alors que le grison se promenait, les cordes lâches, sans se fatiguer. Comment tolérait-on, chez ce dernier, un comportement si « contre-révolutionnaire » ?

L'explication de cet étrange attelage me fut apportée par un des interprètes chinois dévolus à l'éducation des étrangers : « Le cheval se croit supérieur à l'âne et est très susceptible. En voyant cet être méprisable le précéder, il est outré par cette insulte et veut montrer au monde que c'est lui le plus fort et vaillant. Alors, il redouble d'efforts, accélérant ainsi la vitesse et le rendement du véhicule. » Cela ne fit que renforcer ma conviction que, décidément, le cheval était d'une sensibilité et donc d'une intelligence hors du commun. Cet animal admirable éprouvait des sentiments humains : l'orgueil et la vexation, non pas dans leur acception négative, mais bien dans une optique d'émulation et de dépassement de soi.

Ce séjour pékinois de deux ans a marqué à jamais l'enfant et la cavalière que j'étais. Il m'a ouvert les yeux sur l'étrangeté et la diversité du monde et m'a fait grandir. Laissant derrière moi l'indifférence enfantine, j'allais aborder d'autres pays, d'autres cultures avec un œil neuf et curieux d'apprendre. D'autant que cette fois, l'avenir était semé de roses : nous partions pour les États-Unis ! À moi le pays des cow-boys, des Indiens, de Lucky Luke et son cheval Jolly Jumper. Ivre de tous ces clichés, je me voyais déjà revêtant à nouveau mon traditionnel équipement, jodhpurs, bottes et bombe à mentonnière en velours noir, pour parcourir au grand galop les plaines infinies de l'Ouest américain !

IV

L'apprentissage

Quitter Pékin au paroxysme de la dictature pour atterrir sans transition dans le monde ultralibéral et époustouflant de New York a été un des plus grands chocs de ma vie.

Ce séjour commença par de merveilleuses vacances passées, entre autres, à chevaucher la douce jument noire Molly dans les forêts de l'Upstate New York, où nous louions une cabane proche d'un club sportif. Ma monture était placide, peut-être un peu trop pour moi qui me considérais comme une cavalière aguerrie, mais voilà, il me fallait faire mes preuves devant ma monitrice d'équitation, à la manière d'une personne déjà professionnelle en son pays – médecin, infirmière – qui doit faire valider son diplôme dans sa nation d'accueil. Le reste de cet été 1975 fut consacré à visiter la Nouvelle-Angleterre, où l'on croisa régulièrement des cavaliers huppés à l'européenne et des attelages élégants et vintage. Enfin, l'heure de la rentrée au collège sonna. J'entrais dans l'« école des grands », le sélect lycée français de New York.

J'allais assister à mes premiers cours de latin. J'étais convaincue de mon avance en cette matière, puisque je connaissais déjà *equus* et quelques autres mots et expressions glanés dans *Astérix*. J'avais certes mûri, mais ma naïveté ne m'avait pas quittée. Dès ma première leçon, je mesurai l'étendue de mon ignorance. Heureusement, nous avions une excellente professeure qui savait enseigner de façon passionnante cette matière difficile pour les enfants de sixième que nous étions.

Grâce à elle, du collège à l'université je me suis de plus en plus intéressée aux mots et à leur étymologie. Une chose m'a rapidement interpellée : pourquoi, s'agissant notamment du cheval, la plupart des langues romanes avaient-elles adopté des termes issus du latin vulgaire et non du latin classique *equus* ? La « plus noble conquête de l'homme » aurait-elle été méprisée par les Anciens ? Il n'en est rien. Le malentendu vient de ce que le latin dit « vulgaire » ne l'était pas au sens habituel : il ne s'agissait pas d'un vilain patois mais tout simplement de la langue populaire, celle de monsieur et madame tout le monde. *Caballus* était ainsi la monture de la plèbe, autrement dit un « canasson », pour reprendre un vocable familier contemporain. Les dictionnaires étymologiques font remonter *caballus* au grec ancien *kabbales*, « cheval aux jambes courtes », un terme qui ne désignait pas une monture de parade mais un moyen de transport abordable pour tous. Ainsi, tandis que l'élite donnait de l'*equus* à tout-va, le commun des mortels y allait de son *caballus*, comme aujourd'hui on parle de « bagnole » au lieu de « voiture ». Et c'est le mot d'usage qui l'a emporté sur le terme classique. D'autant que pour prendre un autre exemple, « tête » ne vient pas du mot officiel *caput* mais du latin vulgaire – ou vernaculaire – *testa*, « récipient » ! Plus explicite, plus imagée, la comparaison de notre crâne avec une cruche ou une amphore a supplanté *caput*, qui ne disait pas grand-chose à la plupart des gens.

Enfin, les locuteurs latins ont peut-être fini par juger *equus* trop lisse et discret, tandis que « *cabba'l*[6] » était plus sonore, plus guttural avec ses *a* profonds (ou *a* vélaires, ceux d'un Jean Gabin, par exemple), plus claquants sur la langue.

Pour en revenir au cheval, notons enfin qu'il entre dans maintes métaphores et expressions courantes qui émaillent notre français de tous les jours : « miser sur le mauvais cheval », « monter sur ses grands chevaux », « cheval de bataille », « être à cheval sur les principes », « ne pas tout miser sur le même cheval », « œuf à cheval », « être à cheval entre deux époques ou cultures », « chevalement des mines ou des chantiers », « faire cavalier seul », « se remettre en selle », « avoir une fièvre de cheval », « lancer un poulain » (favori, ou héritier professionnel ou spirituel)…

À l'évolution du vocable s'est superposée celle des clivages et des codes sociaux, le cheval représentant aussi un enjeu de rang et de statut. J'ai perçu très jeune à quel point cet animal pouvait être un accessoire de frime, symbole de richesse et de pouvoir. Posséder un pur-sang place en haut de l'échelle sociale. Les classiques populaires de la littérature ont d'ailleurs su tirer parti de cette image à une époque où le cheval était le seul moyen de locomotion existant. Dans *Les Trois Mousquetaires,* que j'ai lu à cette époque, c'est pour souligner les origines provinciales et paysannes de D'Artagnan que Dumas fait pénétrer son héros dans Paris juché sur un gros cheval de labour, immédiatement moqué par ses futurs compagnons d'armes – au XXIe siècle, le jeune aspirant mousquetaire serait un ambitieux issu d'un trou perdu débarquant dans la capitale au volant d'une vieille Twingo, sous le regard ironique de la jeunesse dorée parisienne, tandis qu'au Moyen Âge le palefroi (cheval de parade) devait être l'équivalent d'une Jaguar.

Dans le même registre mais a contrario, Jean Rochefort, dans le film *Un éléphant ça trompe énormément*[7], tente de séduire la belle cavalière Anny Duperey en revêtant le kit complet du cavalier distingué (blazer, lavallière avec broche, jodhpurs, bottes et bombe de velours) et en chevauchant à ses côtés au bois de Boulogne. Problème : il est incapable de tenir en selle. Cela donne une scène d'un franc comique, ce qui est d'autant plus piquant que dans la vie réelle Jean Rochefort était un cavalier émérite. De même, le Britannique Boy Capel, riche industriel du début du XXe siècle, cavalier adroit et pratiquant le polo pour son plaisir, mécène et amant de Coco Chanel, a eu en son temps un prestige incontestable. Bien sûr, c'était l'époque des premières automobiles, et il en possédait, mais il a surtout séduit par ses chevaux et ses performances équestres.

Aux États-Unis et en particulier dans le New York du milieu des années 1970, melting-pot de cultures où se côtoyaient en fonction des quartiers pauvreté et fortunes ahurissantes, criminalité et dispositifs ultrasécuritaires assurés par des gardes du corps et autres services d'ordre privé, ces clivages étaient d'autant plus visibles.

À une unique occasion, jouissant du passe-droit qu'était l'invitation par une amie membre d'un club équestre de Central Park, j'ai fait de l'équitation dans ce parc urbain immense et au centre duquel s'étend un grand lac, réservoir d'eau potable de la ville. Je pense que même les écuries de la reine d'Angleterre ne sont pas plus chics et fastueuses. En faisant le tour du lac, au milieu de ce groupe de cavaliers en jodhpurs blanc crème et blazer bleu marine (cette tenue n'était pas en option : qui voulait monter à Central Park était prié d'être ainsi accoutré), je ne me suis vraiment pas sentie à ma place, moi qui avais l'habitude de mon petit manège de province perdu au fin fond de l'Upstate New York. Certes celui-ci était, à son échelle, tout à fait honorable, mais comparé au luxe et au snobisme outranciers des cercles équestres new-yorkais et de leurs tarifs prohibitifs, il paraissait bien modeste. Dans le film *Hair* de Milos Forman, ce fossé entre province et ville huppée est illustré par une scène de séduction, lors d'une promenade à cheval dans Central Park, entre un jeune soldat débarqué en 1968 de son Oklahoma natal (*Oklahom'*, comme celui-ci le prononce avec un gros accent dans le film, révélant au spectateur qui l'ignorerait qu'aux États-Unis cet État est vu comme une terre de bouseux !) et une demoiselle de la haute société new-yorkaise guindée au superlatif. Cette dernière, qui ne connaît que l'équitation à l'anglaise et sa vêture impeccable, considère d'abord comme un péquenot ce jeune homme accoutré comme un cow-boy et chevauchant comme tel[8]. Malgré ce côté ridicule, elle finit par se laisser charmer par ce campagnard certes un peu collant, mais véritable centaure, aussi à l'aise sur son cheval que s'il était vautré dans un fauteuil moelleux.

Snobisme et esprit bon enfant, élégance et *trash attitude*, bourgeoisie et bohème dézinguée, on trouvait de tout dans ce New York qui pour les grandes occasions se réunissait sans frontières ethniques ou sociales. Je découvris notamment à quel point les Américains raffolent des fameuses *parades*. Ainsi, tous les 17 mars, la communauté irlandaise célèbre la Saint-Patrick, sa fête nationale. Ce jour-là, presque toute la population new-yorkaise, d'origine irlandaise ou non, s'habille en vert. Moi-même, j'allai jusqu'à me dessiner au feutre vert sur les joues deux trèfles à quatre feuilles pour assister à ce défilé sur la Ve Avenue. L'Irlande vénérant les chevaux, ce fut un spectacle extraordinaire : après maints passages de montures et cavaliers en tous genres, parés de leurs atours les plus festifs et de banderoles d'un vert criard à la mode des *seventies*, parut, isolé de tout groupe, sans cavalier ni meneur, caracolant libre comme l'air, ruant, bondissant à sa guise, un cheval blanc que l'on avait plaisamment teint en vert ! Jusque-là allait le délire des Irlando-Américains en ce jour de fête.

Loin des cercles équestres guindés de Central Park, j'ai aussi vécu l'autre extrême de l'équitation américaine, à travers des randonnées touristiques dans le Grand Ouest lors de voyages en famille. Au Wyoming ou en Arizona, on chevauche en jean, chaussé de santiags, de bottes en caoutchouc ou même de baskets ; seul accessoire typique de la monte western et un peu folklorique auquel sacrifient aussi pas mal de cavaliers à l'anglaise : les *chaps*, ces culottes de cuir à grandes franges que l'on enfile au-dessus du jean pour protéger le tissu de l'usure de la selle. Enfin, on dirige négligemment son cheval d'une seule main, tenant le pommeau de la selle de l'autre, se laissant onduler sur celle-ci, confortable siège au

« troussequin » – partie arrière – rembourré comme le dossier d'un fauteuil.

L'opposition entre monte à l'anglaise et monte western témoigne du rapport ambigu qu'entretiennent les Américains à l'égard de l'Angleterre, pays colonisateur historique, rapport mêlant rejet atavique et admiration. Je le constatai lorsque débarqua dans mon lycée un élève *british* tout droit venu de son smart et strict *college* : mes condisciples américains, garçons et filles, lui firent un accueil princier, s'extasiant sur son charmant accent ! Même chose pour l'équitation : sans renier la monte du cow-boy qui fait partie de son ADN, l'Américain craque pour la prestigieuse et classieuse monte à l'anglaise.

C'est d'ailleurs au pays des cow-boys que j'eus l'occasion de perfectionner l'équitation *british*. Mary, ma professeure de l'Upstate New York, pourtant américaine pur jus, me rééduqua presque de zéro. Au

Japon, je m'étais vu dispenser des préceptes d'équitation très classiques : on m'avait toujours enjoint de ne serrer ni les genoux ni les cuisses, mais seulement les mollets, de tourner le bout des pieds et les genoux vers l'extérieur et de donner des coups de talon pour faire avancer ma monture ; et voilà que mon enseignante américaine m'apprenait au contraire à serrer cuisses et genoux continûment, pieds parallèles au cheval et sans jamais détacher les talons de l'animal, les injonctions à changer d'allure ne se faisant que par simple pression sur les flancs de celui-ci. Si en matière de parole le grand chic anglais est d'entrouvrir à peine les lèvres – car articuler c'est *shocking, my God*, on pourrait entrapercevoir un bout de dent ou de langue –, il semble qu'il en aille de même en équitation : rien ne doit se voir, et pourtant mille communications se font entre cavalier et monture, à l'instar d'un danseur ou d'un gymnaste qui ne doit laisser transparaître aucun effort alors qu'en réalité le travail musculaire est intense. Cette monte pseudo-fluide, toute nouvelle pour moi, me laissa épuisée et les jambes toutes courbaturées lors de mes premières leçons !

Comme on le sait, dans toute discipline, il est plus ardu de se défaire d'habitudes pour en acquérir d'autres que d'apprendre *ex nihilo*. Imaginez que vous ayez toujours tenu votre stylo de la main droite et que l'on vous somme de le faire désormais de la main gauche, pour moi c'était peu ou prou chose semblable ! Cependant, et plus vite que je ne l'aurais cru, au bout de quelques heures de pratique et de martèlement des consignes de Mary, je m'y suis faite et j'ai continué à monter ainsi. Plus tard, quand j'ai pratiqué l'équitation en Belgique, c'était exactement la même méthode.

Non que les préceptes qu'on m'avait inculqués jusqu'alors fussent erronés, il s'agissait simplement d'une approche différente. Les petits manèges de la campagne japonaise que j'avais fréquentés jusqu'alors étaient moins regardants quant à la méthode, et c'était plus facile d'apprendre aux enfants à monter moitié *british*, moitié cow-boy. En effet, la monte américaine pratique le coup de talon et le bout de pied vers l'extérieur, le serrement des cuisses et mollets n'ayant pas une grande efficacité à travers la grosse selle western qui est certes confortable, mais isole beaucoup plus le cavalier de sa monture. Le contact avec celle-ci doit donc se faire différemment : d'abord par les rênes, que l'on tient toutes les deux d'une seule main et que l'on presse contre l'encolure du cheval – à gauche pour aller à droite et à droite pour aller à gauche ; a contrario, en monte anglaise, on ne tend qu'une seule rêne et on presse le mollet du même côté, pour faire tourner le cheval – à droite, rêne et mollet droits, par exemple. De même aux États-Unis, on pratique la monte dite « longue » c'est-à-dire étriers placés de manière à avoir les jambes tendues (ce qu'on voit dans les westerns) ; les pieds du cavalier étant positionnés plus bas et sous la « frontière » de la grande selle et de sa large sangle, les flancs de sa monture redeviennent accessibles et le cavalier peut les talonner. Le cavalier à l'anglaise, en revanche, monte plus court (genoux pliés à environ cent vingt degrés), jusqu'au jockey qui, étriers très courts, a les genoux pliés à moins de quatre-vingt-dix degrés. Aucune méthode n'est préférable à l'autre, c'est juste une affaire de culture, de conviction et du sport que l'on pratique.

À New York, mes parents prirent aussi une décision qui allait marquer mon destin et celui de ma petite sœur Amélie. En ce milieu des années 1970, la télévision américaine était d'une pauvreté sans nom. Non que les programmes fussent foncièrement mauvais, mais tous étaient affligés de coupures publicitaires si fréquentes que suivre la meilleure émission était horripilant au bout de quelques minutes. Mes parents bannirent donc le petit écran mais, en contrepartie, prirent des abonnements pour de nombreuses saisons de danse, classique ou moderne, ou comédies musicales de Broadway. Ainsi donc, plusieurs soirs par semaine, nous sortions tous ensemble pour aller voir le New York City Ballet de Balanchine, les chorégraphies modernes d'Alvin Ailey ou Martha Graham, les *musicals* comme *Porgy and Bess* de Gershwin. J'avais déjà assisté au Japon à de sages ballets, puis en Chine à l'enthousiasme réglementaire imposé au public chinois devant des danseurs révolutionnaires en tenues militaires ou paysannes d'un kitsch propagandiste. Rien à voir avec le public new-yorkais : les spectateurs se levaient, applaudissaient à se faire des ampoules aux paumes pendant de longues minutes, hurlaient des « Bravo ! » ; pour un peu, ils auraient lancé leurs chapeaux et tiré en l'air avec leur six-coups comme les cow-boys dans *Lucky Luke* devant un rodéo.

Emballées par ces spectacles, Amélie et moi suppliâmes nos parents de nous inscrire à un cours de ballet classique. L'ironie, c'est que j'avais déjà suivi des cours de danse au Japon, mais, à l'époque, j'y allais en maugréant car ces cours m'avaient été imposés par mes parents, s'imaginant que j'étais une future artiste, alors que pendant mes leçons mon frère et ma sœur allaient à la plaine de jeux, tellement plus amusante. Cernée de petites condisciples japonaises qui parlaient nippon entre elles avec un débit de mitraillette, murée dans un silence linguistique et social insupportable, je ne comprenais pas davantage les instructions des professeurs, même si elles étaient dispensées en français (langue d'usage dans le ballet classique), et j'avais fini par abandonner. Maudissant mon renoncement enfantin, je me remis donc à la danse tout en continuant l'équitation de manière assidue. C'est à cette époque que je découvris l'art du dressage et que je constatai avec ravissement que le cheval, comme moi, dansait. Cette discipline apprend en effet au cheval à effectuer des pas et figures si élégants qu'ils n'ont rien à envier à ceux d'un danseur : « passage », marche au cours de laquelle le cheval tend les antérieurs presque à l'horizontale, tout en imprimant au corps un rythme saccadé ; « appuyé », pas latéral (à la manière d'un crabe) en croisant antérieurs et postérieurs comme les lames d'une paire de ciseaux ; « levade », petite cabrure ; « croupade », sage ruade avec les sabots postérieurs joints ; « révérence », salut au public, un antérieur tendu et l'autre plié, tête basse en signe de respect à l'égard des spectateurs ; le tout parfaitement « rassemblé », c'est-à-dire l'encolure bien arquée, menton rentré vers le poitrail. Toutes ces figures très compliquées à réaliser me fascinaient. Personnellement, c'est à peine si, même une fois cavalière confirmée, j'ai pu faire esquisser à mes montures de timides appuyés...

Le dressage s'accompagne par ailleurs d'un apparat dont certains aspects peuvent paraître ridicules ou de mauvais goût, comme ces petites tresses dans la crinière ou le haut de la queue que l'on confectionne aux chevaux pour les concours hippiques. À mes yeux, les parures de longs crins sont tellement plus belles lorsqu'on les laisse dans leur état premier –, cela s'explique peut-être parce que j'ai grandi à l'époque hippie du *flower power* où le naturel était tendance, garçons et filles affichant des tignasses sans la moindre attache, élastique ou autre pince à cheveux.

C'est du reste avec un de ces chevaux très « nature » que je vécus une histoire d'amour exceptionnelle l'année de mes treize ans. À une dizaine de minutes à vélo de la petite cabane que mes parents louaient pour les week-ends dans l'Upstate New York, je tombai un jour en arrêt devant un petit cheval qui, derrière les barrières d'une grande prairie, me regardait avec curiosité, l'air de penser : « Voilà une humaine qui a peut-être quelque chose de bon à grignoter dans ses poches. » C'était un de ces *poneys* (prononcer *pauníz*) amérindiens, chevaux de petit gabarit aux robes bariolées. Aux États-Unis, entre les appaloosas truités, les palominos tout d'or et d'argent ou encore les poneys *pinto*, tachetés comme des vaches, c'est la fête des couleurs, loin des sages bais et alezans européens. Le spécimen que j'avais en face de moi, pie blanc et marron, avait une bouille adorable et des yeux de séducteur. Évidemment je fondis comme une motte de beurre sur une poêle chauffée à blanc et, jetant mon vélo dans l'herbe, me précipitai pour couvrir cette beauté d'une avalanche de caresses et de mots doux.

L'amour pour un cheval peut naître de la manière la plus inattendue, comme dans le film autobiographique d'Alejandro Jodorowsky *La Danza de la realidad*[9]. On y voit le héros, père du narrateur, communiste et révolutionnaire pur et dur, bien décidé à s'en prendre au bien le plus précieux, au talon d'Achille d'un ignoble dictateur chilien : son cheval. Sauvant la vie du potentat grâce à une ruse, le héros, ni cavalier ni même ami des chevaux, parvient à se faire engager comme garçon d'écurie. Cependant, quand le dictateur, qui s'est entiché du matois, lui présente son somptueux étalon blanc nommé Bucéphale, l'assassin en puissance tombe immédiatement et littéralement amoureux de l'animal, oubliant presque son funeste dessein – et propulsant cette scène au rang des plus émouvants coups de foudre cinématographiques auxquels j'aie jamais assisté.

Mais en amour, tout n'est pas gagné d'avance et le premier feu doit être entretenu ! Je ne pensais qu'à ce petit cheval, et me mis à aller le voir chaque jour, d'autant que j'étais en vacances scolaires et totalement libre de mon emploi du temps. Bien sûr, les propriétaires du cheval ne tardèrent pas à remarquer mon manège. Ivre de bonheur, j'avais présenté l'objet de mon adoration à ma sœur, qui trouva mon attachement justifié, et à mes parents, qui eux aussi m'approuvèrent. Un jour donc, Barbara et Joe, les propriétaires du cheval, qui habitaient une belle maison en lisière de la prairie, vinrent à ma rencontre et m'apprirent qu'il s'appelait Charlie. Mettre un nom sur un être aimé : je me sentais comme Roméo qui apprend que la dame de ses pensées se prénomme Juliette !... C'est Barbara qui montait Charlie. Joe le lui avait offert, sans doute pour compenser l'absence d'un enfant que ces jeunes quadras n'avaient pas réussi à avoir. Après discussion avec mes parents, Barbara leur suggéra des cours particuliers avec une excellente professeure, Mary, qui me prêta un de ses chevaux, le grand Beaujangles, parfait pour « rééduquer » la jeune cavalière venue du Japon que j'étais, qui avait encore tant de choses à apprendre.

Je continuai bien sûr à venir voir Charlie quotidiennement, à le caresser, à lui parler, les poches remplies de carottes, si assidue et en apparence si désintéressée que Barbara finit par me demander si je voulais le monter. J'en rêvais nuit et jour mais jamais je n'aurais osé imaginer un tel privilège. Je savais que les propriétaires n'aiment pas trop prêter leurs montures à des cavaliers inconnus. Certains peuvent tirer sur la bouche de l'animal, c'est-à-dire donner de trop violentes tractions dans les rênes, ce qui peut meurtrir les commissures des lèvres de la monture jusqu'à les rendre insensibles. Ces cavaliers occasionnels peuvent aussi se montrer méfiants à l'égard de la monture empruntée, et donc influencer une bête bien lunée à devenir, justement, lunatique, et partant « abîmer » un cheval, selon le jargon. Mais là, ils me faisaient confiance : j'avais été à bonne école chez Mary et pratiquais le même style d'équitation que Barbara. Je n'allais donc en aucune façon gâter la prunelle de ses yeux.

Dès lors, j'appliquai les cours de Mary dans l'immense prairie qui était le domaine privé de Charlie, extraordinaire, splendide, adorable et merveilleuse monture. Mon bonheur et ma fierté étaient à nuls autres pareils. J'étais littéralement transportée, je n'en dormais presque plus la nuit, je ne pensais plus qu'à ça et les semaines à New York au lycée français s'étiraient comme d'interminables et tortueuses routes de montagne, en attendant de gagner le sommet du vendredi soir. J'étais tellement obnubilée par Charlie Horse, comme le surnommait affectueusement Barbara, que je me demande a posteriori comment je n'ai pas été en échec scolaire à cette période. Je pense que ce qui m'en a préservée était la crainte – toute fondée – d'être privée d'équitation en cas de mauvais bulletin. Mes parents étaient très à cheval là-dessus – tiens donc.

La vie est ainsi faite que parfois, lorsqu'on a atteint le bonheur suprême, celui-ci peut devenir plus grand encore. Un jour, au vu de mes progrès, Barbara me proposa de participer au Horse Show annuel du club régional où mes parents nous avaient inscrits. J'y avais concouru l'année précédente, perchée sur Glory Hallelujah, déjà évoqué au sujet de la monte à cru, un grand et maigre cheval noir qui devait être né au moment de la déclaration d'Indépendance du 4 juillet 1776 tant il était vieux, mais encore vaillant car au saut d'obstacles nous avions remporté le ruban jaune – la troisième place –, ce qui était plus qu'honorable pour la cavalière moyenne que j'étais et pour l'antique hongre qu'était Glory. Amélie, qui décidément a raté une grande carrière de journaliste sportive, avait commenté ma photographie après ce concours par un sobre « Le ruban jaune – Schockemöhle femelle », du nom d'un cavalier allemand champion du monde en titre à l'époque – comme on eût écrit après un championnat de boxe : « Médaille d'or – Mohamed Ali ».

Mais cette année-là, forte de tous mes progrès, j'allais en plus concourir avec « mon » Charlie : rien de moins que le graal pour moi ! Et il était évident qu'avec mon champion, nous obtiendrions la première place, le ruban bleu ! Jamais ensuite de toute ma vie je n'ai éprouvé ce sentiment de consécration ultime, de fierté indicible, d'extase que seuls les enfants sont capables d'éprouver et qui confine à l'ivresse. Je n'aurais pas été surprise pour deux sous que le pape ou le roi de Prusse se prosternassent devant moi. Pour paraphraser "I feel pretty", une des chansons de *West Side Story* que nous venions de voir à Broadway, je prenais en pitié toute personne qui n'était pas moi !

Je vous passe tous les préparatifs, les deux mois fébriles qui précédèrent le jour J. Je ne pensais plus qu'à ce concours, je me projetais, et même, malgré ma jeunesse, j'étais déjà morte d'angoisse pour l'*après*, car comment vivre encore, se relever et aller de l'avant après le quart d'heure de gloire que j'allais vivre fin octobre ? Je redoutais tant la chute que si j'avais à l'époque connu la légende mythologique grecque de Cléobis et Biton, j'eusse été presque disposée à subir leur sort. Ces deux jouvenceaux réussirent, suprême honneur, à tirer un char portant une lourde statue de la déesse Héra, char habituellement traîné par des bœufs. Auréolés de gloire, jeunes et beaux, aimés et admirés de tous, ils se virent alors offrir des dieux le plus beau des cadeaux : mourir à l'Instant heureux – car après ce moment de sublime extase, ce point culminant de leur existence, le reste de la vie ne serait plus qu'un lent, long et triste chemin vers le chagrin et la déchéance…

La veille du grand jour, maman me donna un somnifère, craignant à juste titre que je ne dorme pas de la nuit, ce qui aurait été très mauvais pour ma forme pendant le jumping – un grand sportif doit être bien reposé ! La journée fut à la hauteur de mes espérances : Charlie, lavé, brossé et tressé, et moi en jodhpurs blanc crème et blazer bleu marine à boutons dorés, notre couple étincelait d'élégance et de classe. Cerise sur le gâteau, j'allais en boucher un coin à mes condisciples du club qui, pour la plupart, étaient des gosses de riches ayant leur propre cheval et qui nous avaient toujours un peu méprisées, nous les sœurs Nothomb, ces jeunes plouquettes belges même pas fichues de causer l'anglais avec un parfait accent américain et réduites à monter les chevaux du manège (de fait, en parallèle, je continuais à y monter une fois de temps en temps : on ne pratique jamais assez sa passion et, de plus, il est bon pour un cavalier de ne pas toujours monter le même cheval car on prend des tics qui peuvent nuire à la bonne pratique). Je leur apparus ce jour-là tel Bayard chevauchant son fier destrier, et surtout un destrier privé! Sentiment de revanche puéril mais exquis de la pauvre bergère qui a trouvé son prince charmant… Les jaloux et les moqueurs pouvaient aller se rhabiller.

Mes concurrents à qui j'entendais en remontrer ce jour-là étaient aussi bien des filles que des garçons. L'équitation est à ma connaissance la seule discipline sportive où hommes et femmes sont parfaitement égaux, puisqu'ils concourent ensemble. En effet, la musculature n'est pas fondamentale en équitation. Certes, cette discipline sollicite tout le corps et bien sûr les muscles des mollets, cuisses et fessiers. À ce propos, si vous ne recherchez guère qu'un beau corps en pratiquant le sport équestre, passez votre chemin ! Entre ce que l'on appelle plaisamment de « solides fesses (ou derrière) de cavalier », des mollets dodus façon fauteuil-bergère Louis XV et un entrejambe souvent arqué, faire du cheval ne vous dotera pas d'une silhouette de gracieux sylphe ou sylphide. Quant aux bras, leur entraînement consiste surtout à toiletter la monture, porter de lourdes selles, serrer fortement la sangle ventrale pour éviter de se retrouver à l'envers une fois juché là-haut, quand ce n'est pas dès que vous mettez le pied à l'étrier pour enfourcher votre monture ; en effet, l'animal facétieux se gonfle pendant l'opération, histoire de prendre cinq centimètres de tour de taille le temps du harnachement, avant de se dégonfler comme une baudruche. Alors oui, cavaliers et cavalières sont musclés par la simple pratique, mais l'essentiel de leur niveau et de leurs exploits sportifs réside, nous en avons déjà maintes fois parlé, dans la psychologie, la confiance, la connivence, l'amour mutuel, bref, tout ce qui constitue un duo parfait.

Je ne fus même pas déçue de n'obtenir que le ruban vert (la sixième place) et profitai de ce moment de gloire partagé avec Charlie. Commentaire de la chroniqueuse Amélie perfectionnant encore son élégant laconisme dans l'album familial : « Le ruban vert ». Et, contrairement à ce que je craignais finalement, la vie d'après ne fut pas triste du tout. Je continuai à monter chaque semaine mon cher Charlie et, lorsque les beaux jours arrivèrent, Joe et Barbara me proposèrent une baignade avec lui dans un des lacs de cette magnifique région couverte de forêts qu'est le nord de l'État de New York.

Monter et nager à cheval sont deux disciplines presque aussi distinctes que tennis ou badminton. Tout d'abord la tenue : entre d'un côté la monte en bottes et pantalon et de l'autre en maillot de bain et sans le moindre harnachement – le cuir et l'eau ne faisant pas bon ménage –, la sensation est totalement différente. La chaleur du corps du cavalier et celle de sa monture ne font plus qu'une, soulignant le bonheur du contraste avec l'eau fraîche en cette période de canicule américaine. Le plus surprenant quand on se baigne à cheval est le brusque passage à un état proche de l'apesanteur. Tels des cosmonautes ayant soudain dépassé la force d'attraction terrestre, nous voilà tous deux aussi légers que deux truites, moi à plat ventre dans l'eau sans plus de contact avec Charlie que mes mains cramponnées à son encolure, avant de faire un effort abdominal surhumain pour l'enfourcher à nouveau et cette fois bien serrer mes jambes contre ses flancs pour ne plus planer comme un cerf-volant aquatique. Passé ce moment déconcertant mais sans danger, le reste ne fut plus que plaisir, fraîcheur, batifolages, jeux, comme si Charlie et moi étions deux amis dans une piscine qui s'amusent à s'envoyer des jets d'eau. Toute modestie ou respect des convenances m'avaient quittée, je me sentais tel Arion, et je gage que si Charlie avait su lire, il se fût pris pour le dauphin qui selon la légende avait sauvé le malheureux poète jeté à la mer.

À cette acmé succéda brusquement la cruauté de se réveiller du plus beau des rêves : quand, au mois d'août de cet été américain de la fin des années 1970, mon père fut nommé dans un autre pays, je dus me résoudre à quitter Charlie pour toujours. Mon chagrin fut incommensurable, et je l'éprouve encore aujourd'hui. J'enlaçai une dernière fois sa douce encolure à la chaleur si amicale et si réconfortante, lui tendis quelques ultimes carottes avant de m'éloigner à reculons, en larmes, sur le chemin de terre, tandis qu'avec confiance il me regardait, oreilles dressées. Sans doute pensait-il : « À demain, humaine. » Ce jour-là j'eus la sensation de trahir cet ami, cet amour, cette partie de moi qu'était ce cheval à nul autre pareil.

Je payai ce départ au prix fort, à l'aune du bonheur démesuré que j'avais connu en Amérique, avec Charlie en particulier. Je n'étais pas la seule à être désespérée, Amélie l'était aussi, comme à chaque fois que nous devions quitter un lieu, des gens, des habitudes et autres choses aimées. Notre parcours en dents de scie n'était pas près de se terminer. Après la beauté nippone, la hideur maoïste, puis le délire américain, mon père fut nommé au Bangladesh. Passer, à treize ans, de la riche et foisonnante mégalopole new-yorkaise à un des pays les plus pauvres de la planète m'a causé un traumatisme que je ressens encore aujourd'hui. Exit l'équitation d'élite, envolés cours de ballet et spectacles somptueux.

Dans la seconde moitié des années 1970, malgré la terre extrêmement fertile du delta du Gange et du Brahmapoutre sur lequel le pays est situé, le Bangladesh était si densément peuplé que les trois récoltes de riz par an ne suffisaient pas à nourrir la population. Les gens avaient faim et manquaient de tout. On ne pouvait pas sortir dans la rue sans être immédiatement poursuivi par une cinquantaine d'enfants qui demandaient la charité – *bôkchich*, le premier mot de bengali que j'ai appris. Dans un pays si démuni, le sort des animaux était à l'avenant. Zébus étiques et petits chevaux malingres paissaient l'herbe rare au bord des routes, la majorité du sol cultivable étant dévolue aux rizières. Pas de prairies d'herbe grasse pour nourrir les bêtes. Bien sûr, il y avait quelques centres équestres – la colonisation anglaise jusqu'en 1949 avait laissé des traces. Mais ces rares chevaux bien nourris pour les cavaliers privilégiés dont je faisais partie avaient quelque chose d'indécent. C'est ainsi que j'ai pratiqué l'équitation avec mauvaise conscience, heureusement de manière très occasionnelle, chez des particuliers à la campagne, car les centres équestres n'étaient pas légion à Dacca, la capitale.

Le Bangladesh ne devait pas son extrême pauvreté à une nature ingrate et improductive, pas plus qu'à un système politique inique. À l'époque, le pays n'était pas encore une dictature, mais gouverné par le très démocrate et progressiste président Ziaur Rahman, avant qu'il ne soit assassiné en 1981 et remplacé par un régime autoritaire où la liberté n'avait plus droit de cité. La cause de la misère était surtout la surpopulation effrayante, due à la quasi-absence de contraception et de retraite, les enfants constituant une assurance de survie pour les vieux jours des parents. Les Bangladeshis (ne dites surtout pas « Bengalis » car cela sous-entendrait un rattachement au Bengale indien) étaient des gens charmants et dynamiques, que mes parents avaient surnommés à juste titre les « Italiens de l'Asie » tant ils étaient gais, libres, pleins d'entrain et brillants. Leur nation indépendante et démocratique, outre sa pauvreté, était malheureusement grevée de deux autres handicaps. Externe d'abord : son dénuement l'obligeait à être à la botte, politique et religieuse, de l'Arabie saoudite, qui lui apportait une aide financière importante et utilisait à l'envi une main-d'œuvre de Bangladeshis immigrés qui, mieux payés, pouvaient subvenir aux besoins de leurs familles restées au pays. Interne, ensuite : si ses paysages sont beaux et même émouvants pour ceux qui y habitent, le Bangladesh ne regorgeait pas, à la fin des années 1970, d'attractions touristiques. Tout au plus quelques temples et mosquées, certains villages pittoresques et les étonnants Sundarbans, région constituée des multiples bras et canaux du delta du Gange et du Brahmapoutre qui, se frayant une route au milieu de jungles et mangroves, se jettent de concert dans le golfe du Bengale. Nous y avons fait une excursion en bateau à vapeur pour admirer une richesse ornithologique fascinante, notamment des martins-pêcheurs aux couleurs inédites qui firent le bonheur de ma sœur Amélie, férue d'oiseaux et détenant les concernant un savoir encyclopédique.

Cependant, ces attraits paraissaient bien maigres comparés aux sites spectaculaires des prestigieux voisins. Ceux de l'Inde d'abord, dont le Taj Mahal, les grandes et anciennes villes telles Bombay et Delhi, les antiques villes coloniales jouxtant les jardins de thé, sur les contreforts de l'Himalaya telle Darjeeling, les prestigieuses cités fluviales aux superbes palais des maharadjas à Lahore ou dans d'autres villes qui s'étiolaient le long du Gange sacré ou de ses affluents, comme d'anciennes courtisanes délaissées qui, malgré les revers de fortune, avaient gardé toute leur splendeur. De l'autre côté, les sites de l'immense et secrète Birmanie, l'actuel Myanmar, qui accueillait à l'époque de très rares touristes privilégiés (un visa de sept jours maximum leur était exceptionnellement accordé, et à prix d'or), émerveillés par l'antique capitale Rangoon, d'autres villes historiques comme Mandalay et surtout Pagan, l'ancienne cité aux quelque quatre mille pagodes, toutes ces villes étant baignées par l'Irrawaddy, un fleuve aussi majestueux que son pendant indien le Gange.

Détail qui pour moi revêtait toute son importance : l'équitation était très pratiquée dans ces pays, anciennes colonies britanniques où l'héritage de la « perfide Albion » se faisait sentir à tous les coins de rue. Notamment par la bureaucratie paperassière, par le rituel du thé, servi à *five o'clock* mais aussi à six heures du matin pour sacrifier, coutume *british* oblige, au *early morning tea* censé donner l'énergie pour entamer sa journée ; et, comme au Royaume-Uni, ces thés étaient... servis lactés, cauchemar gustatif et digestif pour les vulgaires continentaux que nous étions.

Économiquement, la situation des pays voisins que nous avons visités n'était cependant pas beaucoup plus brillante que celle du Bangladesh. L'Inde n'était pas encore le pays émergent d'aujourd'hui, sans parler de la Birmanie et du Népal eux aussi dramatiquement misérables. Ce dernier reste malgré tout un de mes meilleurs souvenirs. Nous nous y rendîmes dans un Antonov – ces anciens avions soviétiques qui ont la particularité pas vraiment rassurante de plonger l'habitacle dans une espèce de fumée blanche lors du décollage. Nous survolâmes ainsi les rizières de l'Inde avant d'aborder, de manière brusque, les premiers contreforts de l'Himalaya. Après avoir visité la magnifique et très pauvre Katmandou, avec ses antiques temples de bois, mais aussi ses hippies américains ou européens drogués jusqu'à la moelle et vêtus en autochtones, nous partîmes dans un train branlant vers la ville de Pokhara, qui jouxte le massif de l'Annapurna dans l'Himalaya. Mais nous étions en pleine mousson et les vertigineuses montagnes étaient aussi visibles qu'un éléphant dans un tunnel bouché. Cette frustration n'empêcha pas nos parents de nous inscrire à ce qui était alors considéré comme un must touristique de Pokhara : une excursion à cheval, meilleur moyen de profiter pleinement des beautés himalayennes, même avec une vue amoindrie par les nuages.

Nous voilà donc à califourchon sur de robustes poneys népalais, bourrus mais aux sabots plus agiles que ceux des chamois. Rien à voir avec l'équitation dont je rêvais, le cavalier n'ayant là aucune autorité sur sa monture, qui n'a été formée que pour le porter. Ni pressions des jambes, ni indications des mains à l'aide des rênes, ni paroles (notre népalais était plus que rudimentaire) ne fonctionnaient. N'importe qui pouvait donc effectuer cette randonnée et j'étais un peu frustrée de ne pas pouvoir faire montre de mes talents d'écuyère, mais l'expérience fut si époustouflante que j'abdiquai toute vanité devant ce qu'il nous était offert de voir. Promenés tels des sacs de sable dans une brouette, nous n'avions rien d'autre à faire que contempler le paysage. Comme dans *Michel Strogoff*, je me disais : « Regarde de tous tes yeux, regarde ! » Mon regard formé à ne voir que des alpes japonaises ou des montagnes Rocheuses était fixé par habitude sur la masse nuageuse aux environs des quatre mille mètres, quand soudain il fut aimanté par une pointe située deux fois plus haut… Et tout à coup les nuages furent miraculeusement soufflés au loin pour dévoiler, telle une statue titanesque cachée sous un drap géant, l'Himalaya. Devant nous se dressait non pas une simple chaîne de montagnes mais un mur. Trônant au centre et plus haut que ses voisins, le pic du Machapuchare (littéralement « queue de poisson » car il est triangulaire) nous assénait son écrasante et immaculée supériorité. Une splendeur. Et encore une fois ce fut le cheval, si modeste fût-il en l'occurrence, qui m'offrit ce privilège et la découverte de l'immensité dans son sens premier.

Ce genre d'expérience absolument enivrante de beauté me fut donné à nouveau quelque vingt ans plus tard, quand je fis une « randonnée pour touristes » sur de robustes chevaux qui semblaient la réincarnation de nos petites montures népalaises, pour découvrir les splendeurs de Pétra. Chevauchant d'abord en file indienne dans la chaleur écrasante du désert de Jordanie, on continue en s'engageant dans un défilé d'environ deux mètres de largeur au milieu de très hautes roches pour déboucher, au détour d'un boyau étroit et avec une soudaineté à couper le souffle, sur le premier temple de l'antique cité. Une fois encore, seul le cheval pouvait permettre cette extase : la marche eût épuisé le touriste peu aguerri aux températures extrêmes du désert, et toute autre monture hormis l'âne ou le chameau, n'eût pu se frayer un passage à travers l'unique accès au site légendaire.

Revenons en Himalaya. Bien que j'aie eu le privilège de faire cette randonnée équestre inoubliable, la magie de cette expérience ne m'a pas fait oublier les misères humaines et chevalines que j'ai constatées dans ces pays, pauvres poneys népalais forçats du tourisme ou auxiliaires des sherpas, misérables équins condamnés aux travaux forcés de labourage ou de transport de lourdes charges que nous croisions au gré des chemins, même s'ils n'étaient pas toujours maltraités. Il serait d'ailleurs abusif et naïf d'établir un clivage pays pauvres / pays riches avec pour corollaire chevaux bien traités / chevaux maltraités. J'étais à présent assez grande pour savoir qu'en Occident aussi chevaux et même pur-sang pouvaient être victimes de sévices, et j'avais déjà pu observer que leur sort était souvent une vallée de larmes non seulement selon la géographie, mais aussi dans l'Histoire.

V

La douleur

C'est au collège, pendant ma période new-yorkaise, que j'ai lu *La Ferme des animaux* de George Orwell. Ce pamphlet est un des livres qui m'ont le plus profondément marquée. Ayant connu la dictature maoïste, et malgré mes treize ans, j'ai très vite compris cette satire du stalinisme. Les animaux d'une ferme ourdissent un putsch contre les fermiers qui les asservissent, voire les mangent. Les plus intelligents d'entre eux, les cochons, prennent le pouvoir. Au début, tout va bien, le nouveau régime fonctionne en autarcie, affranchi des humains, et selon la règle « tous les animaux sont égaux». Mais bientôt les cochons, vénérés par les autres animaux, prennent leurs aises, deviennent paresseux et se laissent corrompre, notamment en fricotant avec les humains, pour terminer en cruels dictateurs après avoir subtilement modifié la profession de foi citée plus haut de cette manière : «Tous les animaux sont égaux, mais certains le sont plus que d'autres.» Parmi ces «autres», Boxer, un solide cheval de labour qui symbolise le travailleur plein de bonne volonté dévoué corps et âme au régime, et tellement exploité par l'oligarchie des cochons qu'il finit par en mourir d'épuisement. Pour toute récompense, Napoléon, le chef cochon, le revend à bon prix à l'équarrisseur du village voisin (figurant un pays capitaliste) pour transformer les produits du cadavre en colle.

Germinal de Zola fut également un grand choc, à cause du sort abominablement précaire et révoltant des mineurs de la fin du XIXe siècle, bien sûr, mais aussi de celui du cheval Bataille. Descendu poulain dans la mine, il y vivra son existence entière. Si les mineurs ont le maigre privilège de remonter tous les jours à la surface après leur travail harassant, les chevaux tireurs de wagonnets de charbon, eux, ne reverront plus jamais le soleil, le ciel, ne brouteront plus jamais l'herbe verte, pas plus qu'ils ne humeront le vent. Leur écurie est à des dizaines de mètres sous terre. Le malheureux Bataille ne remontera à la surface que mort, hissé par l'ascenseur comme une vulgaire charge de charbon.

Ces deux livres témoignent de la vie très difficile et cruelle longtemps infligée au cheval, « conquête » de l'homme, entre guerres, travaux épuisants et voyages interminables, ce qui nous ramène à la célèbre citation de Buffon qu'il faut considérer dans son intégralité : « La plus noble conquête que l'homme ait jamais faite est celle de ce fier et fougueux animal qui partage avec lui les fatigues de la guerre et la gloire des combats ; aussi intrépide que son maître, le cheval voit le péril et l'affronte, il se fait au bruit des armes, il l'aime, il le cherche et s'anime de la même ardeur ; il partage aussi ses plaisirs, à la chasse, aux tournois, à la course, il brille, il étincelle. »

Tout d'abord, évacuons un fait, histoire de ne pas sanctifier le sujet : de même qu'il existe des humains belliqueux et d'autres pacifiques, tous les chevaux ne sont pas de paisibles créatures. L'étalon qui veut faire preuve de sa supériorité, marquer son territoire mais aussi protéger les siens peut se montrer particulièrement agressif. Ainsi, certains spécimens meneurs de hardes sauvages de Mongolie sont capables de mettre la raclée à des loups, voire de les envoyer ad patres si besoin. Même certains hongres – mâles castrés – et juments peuvent réagir violemment. Croire comme un Rousseau éthologue que l'animal est naturellement bon et innocent, et que c'est uniquement la dictature perverse de l'homme qui le conduit à faire la guerre, n'est pas toujours justifié.

Buffon, malgré son anthropomorphisme typique du siècle des Lumières, n'a pas tout faux. J'ai connu des chevaux intrinsèquement vicieux ou méchants ! Un jour, alors que je lui passais la brosse dans son box – traitement pourtant on ne peut plus agréable pour nos montures et qui équivaudrait pour nous à un massage – un hongre costaud m'a coincée entre son flanc et le mur. Je n'ai pu le repousser qu'en usant de toutes mes forces. Quand j'en ai fait part au propriétaire du manège, il m'a dit que ce cheval était réputé pour ça et qu'il l'avait sûrement fait exprès. Une autre fois, un cheval que je montais souvent et qui donc me connaissait très bien m'a écrasé le pied alors que je le sellais.

J'ai dû partir aux urgences car il m'avait arraché en une seule pièce l'ongle du gros orteil. La réponse de la professeure d'équitation fut la même : Sundance n'en était pas à son premier pied humain visé sciemment. Pourtant, dans aucun des deux cas je n'avais fait le moindre mal au cheval. Parmi d'autres « spécialités maison » infligées par des montures facétieuses ou carrément mal lunées, les cavaliers connaissent bien la traître morsure dans les fesses ou l'épaule lorsque, lui tournant le dos, ils curent un sabot antérieur de l'animal ou lui resserrent la sangle, ou bien encore le coup de la branche basse visée par un cheval machiavélique pour les débarquer de la selle, sans parler des ruades qui ne sont pas toujours défensives. Si maints humains ont ce qu'on appelle un « caractère de cochon », certains chevaux aussi…

Ayant fait l'expérience de ces désagréables comportements, et même si je n'ai jamais fait la guerre, je peux envisager que certains chevaux puissent aimer cela, surtout si on les y a habitués et dressés. Le caractère bien trempé de quelques montures se prête volontiers à la violence, et l'odeur du sang peut exciter un animal ombrageux, même herbivore. En outre, le cheval ressent de manière épidermique l'humeur et le stress de son cavalier et, par une sorte de mimétisme et de connivence, adopte son état d'esprit. S'il perçoit chez celui qui le monte une humeur agressive et belliqueuse, il est tout à fait possible qu'il endosse cette rage et participe volontiers à la bataille… En effet, comme je l'évoquais en introduction, la très forte complicité qui unit cheval et cavalier, duo soudé aussi efficace que redoutable, peut expliquer que le cheval soit à même de comprendre parfaitement la situation de combat et y participer activement en assénant coups de sabot bien ciblés voire en mordant ses adversaires chevalins. Sans compter que, bien qu'étant d'instinct une créature craintive, le cheval sait vaincre sa peur comme le petit cheval blanc chanté par Brassens qui « avait bien du courage »[10].

Cette synergie batailleuse est illustrée dès l'Antiquité dans l'*Iliade* et l'*Odyssée* à travers l'épisode du cheval de Troie, ruse mise en œuvre par Ulysse pour venir à bout de la ville fortifiée – une tactique si enracinée dans l'imaginaire collectif qu'aujourd'hui elle sert à désigner une cyberattaque. Pourquoi Homère fait-il fabriquer à son héros une figure chevaline pour y dissimuler les guerriers grecs et les faire entrer dans Troie, et pas un chien, un oiseau ou un bœuf, animal traditionnellement abattu en offrande aux dieux antiques ? Un bovin n'aurait-il pas plus sûrement leurré les Troyens étant donné que les armées d'Agamemnon veulent justement faire croire à leur ennemi qu'ils offrent cette colossale statue dans une volonté sacrificielle ? Si un ersatz de bœuf eût semblé plus logique, le choix d'Homère s'explique dans la mesure où la figure du cheval fait directement référence à la guerre, mettant ses lecteurs dans la confidence comme par un clin d'œil : « C'est un cheval, *donc* une ruse de guerre. » Cet animal est à la fois complice des combats et arme à part entière. Dans l'histoire de la littérature mondiale, le cheval de Troie est sans doute la première et plus puissante métaphore du duo homme-cheval dans l'art de la guerre…

Blessures, épuisement, le cheval a cependant été plus souvent sacrifié sur l'autel des conflits qu'il n'en a été l'agent actif. Le tribut de morts au combat au cours de l'Histoire est particulièrement lourd. Ainsi, lors des croisades nordiques menées par les chevaliers de l'Ordre teutonique du XIIe au XIVe siècle pour évangéliser les païens des pays Baltes et de Prusse, de nombreux chevaux connurent un sort atroce. Alors que durant les croisades au Moyen-Orient les belligérants protégeaient et épargnaient au maximum leurs montures – surtout les Arabes qui ont pour le cheval admiration et respect –, il en alla tout autrement lors des combats entre Teutons et Prussiens, ces derniers n'hésitant pas, lorsqu'ils faisaient des prisonniers, à les brûler vivants en même temps que leurs chevaux. Plus près de nous, lors de la Retraite de Russie de 1812, Napoléon dut replier ses troupes vers la France devant la résistance du tsar Alexandre, et les chevaux français, pas plus habitués que les grognards au froid extrême de l'hiver moscovite, eurent parfois les naseaux gelés et moururent étouffés. Et pendant la seconde guerre mondiale, six millions de chevaux ont péri sur les différents théâtres d'opération, la bataille de Stalingrad détenant le record d'équins tués ; si nombre d'entre eux sont tombés au combat, quelque douze mille ont servi à nourrir les soldats lorsque les troupes en venaient à manquer de vivres.

Et quand il ne faisait pas la guerre, le cheval, utilisé pour les pénibles labeurs agricoles ou industriels, les voyages longs et épuisants, à traîner des chariots, à porter des cavaliers et de lourdes charges, chichement récompensé par de maigres picotins, n'était rien d'autre qu'un esclave malmené. Cette maltraitance est au cœur du film *Le Cheval de Turin*[11] où, ayant vu un cheval se faire battre violemment par un cocher, le philosophe Nietzsche, après s'être interposé et avoir enlacé la bête, sombre dans une crise de démence puis une profonde dépression.

La brutalité a du reste longtemps constitué la norme en matière de dressage. Jusqu'aux années 1970 environ, tous les manuels d'éducation chevaline sans exception préconisaient l'intimidation à voix forte – ou plutôt l'engueulade – et l'usage de la cravache. Parmi les « instruments de torture » de l'équitation figurent en bonne place, outre la cravache et le fouet, les éperons. Dans mon enfance et mon adolescence, ceux-ci étaient encore régulièrement utilisés. Dispositif dont on a retrouvé des traces remontant à l'Antiquité, ces piques attachées aux talons du cavalier par une lanière servent à aiguillonner les flancs de sa monture pour accélérer l'allure ou punir une bête rétive. Imaginez que l'entraîneur d'un coureur sportif le galvanise en lui piquant la cage thoracique avec une pointe en métal, cela ferait scandale. Si l'éperon le « moins agressif » consiste en une pointe émoussée à la façon d'un fleuret moucheté d'escrime, les éperons dits « à molette » chers aux cow-boys américains mais aussi à la monte hispanique ou latino, et parfois utilisés par les cavaliers à l'européenne, sont d'une cruauté sans nom. Combien de fois ai-je vu, impuissante car ces chevaux ne m'appartenaient pas, des montures aux flancs meurtris ou ensanglantés par ces roulettes en métal acéré ?

Cette conviction qu'il fallait éduquer par la dureté et la violence a eu la vie dure, je l'ai dit, jusqu'à ce qu'apparaisse la fameuse méthode d' « équitation éthologique », illustrée dans le film réalisé et interprété par Robert Redford *L'Homme qui murmurait à l'oreille des chevaux*[12], où l'on découvre que l'éducation par la douceur, la compréhension et le « dialogue » entre cheval et dresseur est non seulement plus efficace et rapide, mais augmente les performances physiques et intellectuelles du cheval (la compréhension des mots notamment). Cette méthode a été initiée dans les années 1950 et 1960 par un cow-boy, Ray Hunt, qui eut pour élève dans les années 1990 un autre cow-boy du nom de Buck Brannaman. C'est ce dernier qui a inspiré son film à Redford. Détail qui a toute sa pertinence : Brannaman avait été lui-même un enfant battu…

Cette méthode professe également, dans certains cas, une approche de l'équitation diamétralement opposée à celle que j'ai connue dans mon petit manège traditionnel de débutante. Au lieu de parcourir la piste du manège en tâcheron, l'équitation éthologique prône une forme d'immersion totale : dès sa première leçon, le cavalier part immédiatement en promenade, au trot, au galop, et avec les imprévus et obstacles qui peuvent se présenter. Bien sûr, il est accompagné d'un moniteur éclairé qui le coache avec soin, le but étant d'instaurer immédiatement confiance et complicité entre le cavalier et sa monture, condition sine qua non pour ce type d'approche. Dans une séance de *horse whispering,* l'éducateur mène par exemple un poulain auprès d'un gros véhicule type 4 x 4, dont toutes les portières et le hayon arrière sont grands ouverts et dont on actionne tout ce qui bouge ou fait du bruit : phares, clignotants, essuie-glaces, klaxon, alarme, radio tonitruante, jet de lave-glace. Sur le siège passager, on pose une carotte. Tout doucement, en lui parlant et le caressant, on conduit le poulain effrayé par ce « monstre rugissant » vers le siège en question. Découvrant sa friandise préférée, le poulain s'en régale et sa peur s'envole. Il suffit d'une seule séance et plus jamais de toute sa vie ce poulain ne craindra véhicules bruyants ni tintamarre citadin. Très utile si l'animal est destiné à la vie en ville (comme un cheval de police montée) ou même à de simples promenades où l'on doit parfois traverser la chaussée. Pour l'avoir expérimenté, monter un cheval terrorisé aux abords d'une route est extrêmement dangereux, car il peut faire un écart à tout moment, causant la chute du cavalier avant de fuir sur la voie publique au risque de provoquer de graves accidents.

Le cheval fut aussi longtemps mis à mort pour être mangé car sa viande était prisée et, aujourd'hui encore, même si les boucheries chevalines se raréfient, nombre de vieux chevaux, au lieu de couler une retraite paisible, sont envoyés à l'équarrissage pour finir en pièces de boucherie voire en sous-produits animaux, leur chair étant destinée à la fabrication de pâtées pour chiens et leurs sabots à celle de colle forte, comme ceux du cheval Boxer de *La Ferme des animaux*. À l'origine, manger du cheval était, outre un moyen de subsistance, une pratique tribale, visant à s'attribuer sa force, ou relevait de coutumes ancestrales. Ainsi, chez les Tatars, le cheval est un plat de fête : dans l'*Encyclopédie des gens du monde*, datant de 1835, « répertoire universel des sciences, des lettres et des arts » un peu fourre-tout et fourmillant d'anecdotes culturelles ethnologiques à l'usage des lecteurs français de l'époque, il est mentionné qu'« une fois par an [...], l'un d'entre eux se rendait à Kassimov, une ville tatare de la région de Riazan, et achetait un cheval. Ils l'égorgeaient et préparaient un plat spécial à base de cheval, avec lequel ils festoyaient ». Aujourd'hui encore, à Iakoutsk en Sibérie, on consomme quotidiennement et sans le moindre état d'âme de petits chevaux semi-sauvages d'une race aussi résistante au froid que le phoque, mets privilégié surtout pour son gras qui permet aux organismes humains de résister aux longs mois d'hiver et aux températures qui descendent souvent à moins soixante degrés.

Mais même dans nos contrées, jusqu'il y a peu, le cheval était apprécié pour sa qualité nutritive – sa chair est très riche en fer et protéines et pauvre en matières grasses – et pour son faible coût. Je me rappelle, lors de mes cours d'art dramatique à dix-huit ans, avoir joué dans la pièce de théâtre *L'Atelier* de Jean-Claude Grumberg, dont l'action se déroule au sein d'un atelier de couturières dans le Paris pauvre et affamé de l'après-guerre ; une des cousettes déclare sans ambages que la viande de cheval « c'est bon et ça bourre ». Dans les années 1950 en France comme en Belgique, on en consommait couramment, y compris dans ma propre famille, et il n'était pas une ville qui ne possédât au moins une boucherie chevaline.

Aujourd'hui, manger du cheval est devenu désuet. Le plan Marshall après la seconde guerre mondiale a probablement joué un rôle dans la baisse de l'hippophagie. Cette injection de capitaux et de technologies apportée par les États-Unis a notamment introduit dans nos pays d'Europe l'élevage intensif ou en batterie, qui, grâce à un rendement élevé, a fait drastiquement baisser les coûts de production et donc les prix des denrées. En quelques années, tout un chacun a pu se procurer quotidiennement et sans se ruiner bœuf, porc, mouton ou volaille. Plus besoin de se rabattre sur la viande de cheval, à moins d'adorer ça. Or ma mère, qui en avait mangé dans son enfance, m'a dit que c'était douceâtre (c'est en effet la viande la plus riche en glycogène, une variété de sucre) et pas très bon. Beaucoup d'autres personnes m'ont rapporté la même chose. Ces témoignages peuvent aussi expliquer ce graduel désamour. Dans notre Europe continentale actuelle, les personnes qui mangent encore du cheval le font de manière confidentielle et, à l'instar des mangeurs clandestins d'ortolans, se fournissent dans certains abattoirs ou dans les quelques rares boucheries qui en proposent encore. La dernière boucherie chevaline que j'ai connue à Bruxelles a fermé ses portes au début des années 1980.

Cette pratique, si elle peut se comprendre en cas de famine, est aujourd'hui souvent considérée comme impensable. Sans partager notre maison comme les chiens ou les chats, le cheval est néanmoins un compagnon, un ami à qui l'on parle, qu'on caresse et qu'on bichonne. La symbolique de noblesse et de conquête liée à cet animal, mais aussi son utilité et sa rentabilité (centres équestres, boutiques d'équipement sportif pour cavaliers, courses hippiques et jeux d'argent, etc.) peuvent également expliquer le rejet de l'hippophagie dans nombre de pays occidentaux. Au Royaume-Uni, en Irlande et en Amérique du Nord, manger du cheval est carrément inconcevable, voire criminel. Les Anglais érigent en effet le cheval au rang d'animal supérieur pour le rôle qu'il joue notamment dans le polo et la chasse à courre, statut cautionné par la famille royale elle-même, dont tous les membres sont des cavaliers émérites. Quant à l'Irlande, hommes et chevaux y vivent une histoire d'amour depuis des siècles. Dans un album de Lucky Luke, *Le 20e de cavalerie*[13], un régiment d'immigrés irlandais fait une veillée autour du feu en chantant des ballades irlandaises, et cavaliers et montures pleurent ensemble de nostalgie à l'évocation de leur verte Erin, comme s'ils ne formaient qu'une seule chair. Certes, les aventures de Lucky Luke sont une fiction, mais leur auteur, Morris, a voyagé dans tous les pays où il situe ses BD et ce qu'il allègue au sujet des us et coutumes ou de l'Histoire est très souvent authentique – j'ai pu le vérifier moi-même. Pour ce qui est des Américains enfin, ils révèrent trop l'animal qui a été l'instrument de la conquête de l'Ouest : qui aurait l'idée de tuer ou de manger son unique moyen de transport ? Cette sacralisation traverse tout le cinéma américain, y compris des films qui n'ont rien à voir avec l'univers des westerns. Ainsi dans *Le Parrain*[14], un producteur de films est menacé par la mafia d'origine italienne par un acte aussi symbolique que sanglant : un matin, en se réveillant, il trouve sous ses draps la tête de son pur-sang décapité. Ce passage a choqué nombre d'Américains au point qu'aujourd'hui encore certains d'entre eux ne peuvent supporter de voir le film pour cet unique motif.

Même respect du côté des Amérindiens : depuis son introduction aux Amériques dès le début du XVIe siècle par les conquistadors, le cheval, après avoir terrifié les autochtones qui le considéraient comme un dieu, a été l'objet de vols avant de devenir crucial dans leur mode de vie basé sur le nomadisme et la chasse au bison. Parmi les ethnies, Apaches et surtout Comanches étaient réputés excellents cavaliers, suscitant même l'admiration de leurs ennemis, les soldats américains ! Pas question de se repaître d'un allié aussi précieux, qui leur permettait de chasser plus efficacement ou d'assujettir des tribus adverses.

Par ailleurs, au XIXe siècle, les voleurs de chevaux aux États-Unis et au Canada étaient pendus. Il suffit de regarder des westerns classiques ou spaghettis pour le constater, comme *En route vers le Sud*[15], pour n'en citer qu'un. Comme parfois le sont les westerns, il s'agit d'une comédie ; elle n'en évoque pas moins des réalités historiques. En l'occurrence, le héros incarné à l'écran par Jack Nicholson est un voleur de chevaux condamné, pour ce crime suprême, à être pendu, sauf s'il se marie – autre manière d'avoir la corde au cou !

VI

La connaissance

À la fin de mon adolescence, nous sommes enfin rentrés en Belgique. Moins exotique en termes d'équitation que les contrées dans lesquelles j'avais vécu, ma patrie me fit connaître néanmoins des expériences fabuleuses. Équitation en club de manière assidue ou chez des amis, qui à l'occasion me prêtaient leur cheval. Plus guère de concours, la barre étant placée trop haut en Europe pour la cavalière déjà trop âgée que j'étais pour participer à des épreuves juniors. Qu'importe, je ne fus pas en reste et découvris notamment l'ivresse des chevauchées débridées sur les immenses plages à marée basse de la mer du Nord. Car les grands espaces enivrent littéralement le cheval le plus tranquille, son instinct le poussant à s'emballer, c'est-à-dire à partir, comme hors de lui-même, dans un galop incontrôlable.

Cet emballement est grisant mais dangereux. Soit le cavalier décide de se laisser emporter jusqu'à ce que sa monture revienne d'elle-même à la raison, et alors le cheval, fourbu (ou « fortrait », selon un terme désuet mais remis au goût du jour), risque de s'épuiser jusqu'à un état pathologique quasi létal, la fourbure étant chez le cheval une maladie souvent mortelle. Soit à l'inverse le cavalier tente de l'arrêter en le forçant à l'aide d'une rêne, à obliquer son encolure d'un angle de quatre-vingt-dix degrés, et l'animal, déstabilisé, ne peut alors plus continuer son galop, risquant de tomber et d'emporter celui qui le monte. Cette manœuvre est d'ailleurs celle des cascadeurs pour faire chuter leur monture lors de scènes de courses-poursuites ou de batailles : si vous regardez attentivement westerns ou films de guerre, vous remarquerez ce « truc » !

J'entrepris aussi de grandes randonnées dans la vaste forêt de Soignes, à l'intérieur même de la ville de Bruxelles. L'odeur des chevaux masquant celle des cavaliers, il n'est pas rare d'y rencontrer des hardes de chevreuils qui ne redoutent pas les équins. Par ailleurs, j'y découvris, avec deux amies cavalières qui jouèrent le rôle de guides à mon retour en Belgique, le tout-terrain, équivalent du hors-piste pour le ski, qui nous faisait quitter les sentiers équestres pour parcourir la forêt sous les hêtres centenaires. Ce n'était pas toujours permis mais, comme chacun sait, l'interdit exalte le plaisir ! Tout comme le danger, qui n'était jamais loin. La forêt de Soignes est en effet coupée par l'artère à quatre bandes de circulation du Ring, périphérique bruxellois, que les cavaliers peuvent traverser par des sentiers sablonneux passant sous des tunnels. Malgré l'épaisse couche de terre sous l'autoroute, le vacarme incessant des nombreux véhicules, lancés à plus de cent kilomètres à l'heure, est décuplé par la résonance de l'arcade bétonnée. Ce bruit monstrueux terrorise les chevaux, et angoisse les cavaliers qui, comme moi à l'époque, y sont confrontés pour la première fois.

Enfin, il y avait les promenades dans l'Ardenne belge, cette grande région qui offre de nombreuses singularités naturelles, pinèdes de sapins de Douglas, fagnes marécageuses, forêts de chênes, anciennes carrières de schiste ou d'ardoise, prairies où paissaient des bisons importés d'Amérique parfaitement acclimatés à ce nouveau biotope, vallons envahis d'ail des ours qui procure la sensation surréaliste de chevaucher près d'un gigot d'agneau rôti. Grandie par ces chevauchées en pleine nature qui me rendirent plus compétente pour tenir ma monture, je développais le goût du risque. Dans l'esprit de la baignade bondissante avec Charlie quand j'avais treize ans, je fis quelques années plus tard avec ces deux amies cavalières bien plus intrépides et casse-cou que moi une expérience autrement périlleuse, mais aussi fascinante et inoubliable. Lors d'un été au Portugal, juchées toutes trois sur de superbes chevaux de race ibérique – avec leur encolure musculeuse, leur port de queue altier et leur caractère bien trempé –, nous nous lançâmes dans la mer. Bien que nos montures fussent aguerries à ce genre de plongée, j'étais secrètement terrifiée (pas question de déchoir devant les copines). Je me remémorais la fin tragique et poignante du roman et film *Crin-Blanc*, où le héros et son jeune cavalier préfèrent se suicider en s'enfonçant droit dans la mer plutôt que d'être séparés par des adultes âpres au gain et sans cœur. Si ce duo de tragédie s'abîme au bout de la Camargue dans une Méditerranée paisible, sans vagues ou presque ni marée, il en allait autrement sur cette côte de l'Atlantique tout au nord du Portugal. Au bout de deux mètres environ dans une eau très peu profonde, sans transition on tombe dans un dénivelé d'un mètre cinquante, voire davantage. Même lorsqu'on s'y attend, on est décontenancé, surtout que la monture, qui n'est pas nécessairement au courant de ce piège, risque de paniquer. Une fois ce premier écueil franchi et à condition d'avoir résisté au débarquement express, on n'est pas au bout de ses peines, car en ces contrées maritimes les vagues sont vertigineuses et de traîtres courants peuvent emporter à des kilomètres le baigneur imprudent comme le plus expérimenté. Même un cheval robuste et bon nageur peut se laisser surprendre. Si cette pratique est périlleuse, elle est aussi grisante : peau nue contre robe fumante, bras noués autour de l'encolure ou mains agrippant la crinière, je ne connais pas de discipline plus « physique », intime, où cavalier et monture soient aussi dépendants l'un de l'autre.

Mais à cette même époque, je ne passais pas mon temps à braver le danger. J'allais aussi régulièrement chez mon grand-père maternel, qui comme moi était passionné de chevaux. Dans sa grande et vieille maison près de Bruxelles, les murs étaient couverts de ces gravures anglaises du XIXe siècle représentant des pur-sang de course tels Comus, Velocipede, Glaucus et maints autres encore, que mon aïeul me montrait fièrement comme s'il me faisait visiter son écurie privée. J'ai hérité d'une de ces gravures figurant Bessy Bedlam en 1828, célèbre jument de couleur bai foncé – robe brune, crins noirs –, montée par un jockey. Bessy appartenait à un certain colonel King, lequel sans doute faisait partie du gratin équestre de l'époque. Cette championne est peinte la queue mi-longue et coupée au carré, comme c'était la mode. Il est piquant de souligner que Bessy est chez nos vis-à-vis britanniques le surnom donné à Élisabeth, et notamment celui qu'utilisait au XVIe siècle Sir Robert Dudley, gentleman longtemps favori d'Élisabeth Ire, pour s'adresser à elle. Choisir le prénom d'une grande reine pour une jument n'est pas anodin, surtout pour les Anglais si férus et respectueux de leur monarchie. Bessy Bedlam fut par ailleurs représentée par trois peintres-graveurs renommés : John F. Herring, ainsi que le duo S. & J. Fuller. Les riches propriétaires des écuries de course tenaient en effet à immortaliser leurs champions ; sans doute aussi, dans une ambition moins prestigieuse et plus matérialiste, ces peintures servaient-elles à proposer étalons et juments à la reproduction, de même que par le passé on envoyait aux princes et princesses du gotha des portraits de leurs prétendants.

Dans de nombreux tableaux, les chevaux, comme beaucoup d'autres quadrupèdes, sont peints au galop. Des peintures rupestres de la préhistoire aux bas-reliefs et toiles de toutes époques jusqu'à la fin du XIXe siècle, en passant par les fresques égyptiennes ou babyloniennes, cette « allure » (en matière équestre, pas, trot et galop sont ainsi qualifiés) est figurée par ce qu'on a nommé par la suite « galop volant ». Il s'agit de dessiner les antérieurs tendus parallèlement vers l'avant et les postérieurs à l'horizontale vers l'arrière. Si vous regardez un cheval, un félin, un canidé ou un cervidé qui galope, vous percevez ainsi à un moment de sa course cette position des pattes. Il s'agit cependant d'une illusion d'optique due à la grande vitesse de l'allure, que l'œil humain ne parvient pas à décomposer. Ce n'est qu'avec l'invention de la photographie puis du cinéma que l'on s'est rendu compte, grâce à l'image arrêtée ou ralentie, que le galop est fractionné en trois phases – d'où le son « ra-ta-pan » produit par le choc des sabots sur le sol. Aucune image réelle n'atteste du galop volant que l'on n'observe que dans la peinture ou la sculpture, car il n'existe que dans le regard humain : lorsque les quatre pattes sont hors sol, elles sont en fait regroupées vers l'intérieur ; ce n'est que quand au minimum un des membres touche le sol que les trois autres sont positionnés en horizontal extérieur.

Grâce à mon grand-père, je découvris aussi un des maîtres incontestés de la peinture chevaline, George Stubbs, artiste anglais de la fin du XVIIIe siècle. Préfigurant le romantisme cher au XIXe siècle, ses équidés posent dans des paysages tourmentés, crinière au vent et veines saillantes, dans des attitudes fougueuses. Il peignait des chevaux de couleur exceptionnelle, comme le *Cheval attaqué par un lion*, animal dit « crin lavé », soit d'une carnation rare composée d'une robe marron rehaussée d'une crinière et d'une queue blanc argenté, un peu comme un palomino qui serait foncé. À ce propos, le cheval a le privilège d'être un des seuls animaux à arborer une « robe » et non un poil, pelage ou fourrure : suprême élégance pour un animal à part. De même, dans la langue française du moins, le cheval a des « jambes » et non des pattes, une « encolure » et pas un cou ; quant à sa « croupe », certaines célèbres courtisanes n'ont pas rougi du privilège d'en arborer une elles-mêmes, voire d'être qualifiées de « pouliches »... comme un homme séduisant et viril se voit qualifier parfois de « bel étalon ».

Le cheval a souvent servi à mettre en valeur les monarques à travers leurs effigies. Ainsi, de nombreuses peintures représentent Louis XIV en majesté sur un cheval « en levade » – avec une légère cabrure, à peine plus élevée qu'à l'horizontale. L'on peut également admirer la célèbre statue équestre du Roi-Soleil[16] façon empereur romain (sur une *sella* à l'antique et sans étriers) trônant au centre de l'immense place Bellecour à Lyon. Dans le même registre, citons *Bonaparte franchissant le Grand-Saint-Bernard* peint vers 1801 par David, où le grand conquérant chevauche un superbe spécimen, lui aussi fougueusement cabré et crins flottant au vent des montagnes. Les grands hommes ont tous désiré poser sur cet animal qui confère aux portraits un prestige incontestable. Pour l'anecdote, rappelons qu'en réalité Bonaparte franchit les Alpes sur un mulet, bien plus adapté à la montagne, car ayant comme on dit le « pied sûr », à l'instar d'un chamois, alors que le fragile et ombrageux cheval, à la moindre frayeur ou au plus petit trébuchement, manquerait tomber dans le vide. Mais être peint sur un mulet ? Impensable pour l'orgueilleux Premier consul ! Napoléon Bonaparte m'a d'ailleurs fait vivre une expérience cavalière inédite. Accompagnée de mon grand-père, je visitais le site de Waterloo et son musée relatant la bataille à travers un panorama semi-circulaire reconstituant avec une technicité bluffante – en ce début des années 1980, où la 3D n'existait pas encore – les étapes du conflit qui avait mis fin à la splendeur de l'empereur. Peu après, j'eus l'occasion exceptionnelle, avec mes comparses d'équitation, de participer à une de ces reconstitutions historiques de la fameuse bataille. Vêtues en grognardes de 1815, en vestes à boutons dorés et bandoulières croisées, culottes blanches, bottes de cuir et bicorne sur la tête, nous devînmes l'espace d'une journée inoubliable de fiers soldats de l'Empire prêts à perdre la vie pour l'idole corse.

Mon grand-père me fit aussi découvrir la célèbre École espagnole des lipizzans de Vienne, fondée en 1565. Une école espagnole en Autriche, cela peut paraître insolite. Il faut savoir que la race des lipizzans, aujourd'hui on ne peut plus viennoise, a été « finalisée » par la dynastie des Habsbourg au XVIe siècle dans un haras de Lipizza (actuelle Lipica) en Slovénie, qui à l'époque faisait partie du puissant Empire d'Autriche. L'initiative faisait suite à des croisements opérés entre chevaux espagnols et arabes lors de l'hégémonie maure sur le sud de l'Espagne entre le VIIIe et XVe siècle. L'œil exercé du connaisseur identifie immédiatement les caractéristiques physiologiques que la race andalouse a héritées de son ancêtre arabe : corps élégant mais robuste, queue en panache, encolure puissante et ramassée dont le plus souvent déborde une crinière extrêmement longue. Or comment cette race d'Espagne et du Portugal puis de Slovénie a-t-elle pu parvenir jusqu'en Autriche ? Cette importation date de l'Empire de la Maison de Habsbourg lorsque, une fois les Arabes chassés de la péninsule Ibérique, Autriche et Espagne ne formèrent plus qu'un seul et vaste empire du XVe à la fin du XVIIe siècle, qui connut son apogée sous Charles Quint. Toujours est-il que jusqu'à aujourd'hui la vénérable École espagnole ne dresse et n'exhibe qu'une seule race de chevaux qui, suite aux nombreux croisements évoqués plus haut, ont la singularité de naître bai foncé – robe brune, crinière et queue noires – pour devenir d'un blanc immaculé à l'âge adulte.

Installée dans une maison luxueuse où les chevaux sont logés, me précisait mon aïeul, dans des salles aux planchers cirés, cette école d'équitation propose de magnifiques démonstrations de dressage équestre dans le cadre prestigieux du manège d'hiver à Vienne. Au son de valses viennoises et montés de cavaliers en grande tenue militaire, les princes équins immaculés – seulement des étalons, car ceux-ci présentent des particularités anatomiques dont hongres et juments sont dépourvus : encolure développée, corps musculeux, crinière d'une longueur étonnante – exécutent des pas de danse et de dressage. À notre époque encore, c'est une référence pour les touristes passionnés d'équitation. Mais cette institution autrichienne ne détient pas le monopole de l'élégance et de la classe. Une autre écurie célèbre en Europe, le Cadre noir de Saumur, dont les spécimens sont soit alezans (marron clair), soit bai foncé, rivalise avec elle : même exigence d'harmonie chromatique, mêmes cavaliers en grande tenue militaire, dorures, bottes cirées et harnachements de cérémonie. Comme à Vienne, les reprises et spectacles du Cadre noir sont d'un très haut niveau de prestige.

Le classieux monde chevalin s'incarne également dans les véhicules qui lui sont associés. Loin des rustiques charrues ou chariots à foin, voire des utilitaires diligences ou malles-postes, les chevaux de la haute société tirent d'élégantes voitures tels les sulkys des courses de trot, si menus qu'on pourrait les qualifier d'« ULM équestres », les carrosses, vrais palais roulants comme ceux du Roi-Soleil exposés à Versailles, la « pâtisserie » croulant sous les ors qu'est le véhicule de parade de la dynastie anglaise encore utilisé aujourd'hui par Élisabeth II, les exotiques troïkas russes, les fiacres légers, les somptueuses calèches ou, comble du raffinement, le délicieux *tilbury* londonien du XIXe siècle, cabriolet très léger à deux roues et pour seulement deux passagers – en écrivant ce mot anglais, je me rappelle le ravissement avec lequel mon grand-père le prononçait, en détachant les syllabes pour mieux savourer sa sonorité qui pour lui devait équivaloir à celle du ruissellement d'une rivière de diamants au creux d'une main.

C'est aussi à mon retour en Belgique que je commençai à fréquenter les salles obscures. Parmi les films qui m'ont le plus marquée, *Les Cavaliers*[17], de John Frankenheimer, d'après le passionnant roman éponyme de Joseph Kessel. Émerveillée par le spectacle équestre offert par ce film mythique, j'y découvris aussi l'art du fameux *bouzkashi*, mélange de polo, rugby et combat sauvage, pratique casse-gueule voire meurtrière dont les Afghans ont fait leur sport national ; tout en ressentant quelques émois pour le magnifique Omar Sharif en cavalier intrépide...

Omar Sharif que je retrouvai accompagné de la bellissime Catherine Deneuve dans *Mayerling*, film au romantisme paroxystique[18]. La scène la plus sublime du film à mon sens est celle où l'impératrice Sissi, jouée par Ava Gardner, chevauche un splendide cheval noir, vêtue d'une robe d'amazone de la même couleur dont elle s'inquiète de l'élégance. « Comment la jupe tombe-t-elle lorsque je galope ? », demande-t-elle à son fils Rodolphe venu l'admirer. Dans la vie réelle, Élisabeth d'Autriche, dite Sissi, était elle-même une passionnée de chevaux, doublée d'une cavalière émérite et même casse-cou.

D'autres grandes écuyères de cinéma ont émaillé mon répertoire passionnel : version téméraire, Scarlett O'Hara qui, bien qu'en amazone, monte comme un homme et franchit des barrières à bride abattue dans *Autant en emporte le vent*[19] ; Élizabeth Taylor adolescente jouant Velvet Brown, une championne de concours hippiques, dans *Le Grand National*; puis

Tatum O'Neal incarnant la nièce de cette héroïne cavalière – jouée cette fois par Nanette Newman – dans *Sarah* quelques années plus tard [20].

Mais de tous les films cultes où le cheval tient une place prépondérante, le plus emblématique pour moi est *Ben-Hur*. Au-delà de la célèbre course de chars, une des scènes les plus fortes est celle où le propriétaire du quadrige présente à Ben-Hur ses chevaux immaculés. Rien à voir avec un fermier qui vendrait ses bœufs de concours ou même un directeur de haras qui exhiberait les fleurons de son élevage : le Cheik Ilderim exhibe au héros ses quatre chevaux comme il dévoilerait les favorites de son harem. Il frappe dans ses mains et les quatre précieuses montures apparaissent « toutes nues », sans le moindre harnachement, ni meneur d'aucune sorte ; leur maître-amant les appelle et leur dépose un baiser sur la bouche. Quant aux noms, jugez de l'extrême poésie : Antarès, Altaïr, Aldébaran et Rigel – tous noms d'étoiles au firmament.

Loin d'être un « outsider » – je choisis volontairement ce terme car il qualifie un animal aux performances inattendues au sein d'un peloton de course comme se révélera l'être le quatuor mené par le héros –, le cheval dans *Ben-Hur* est un reflet, certes romancé mais basé sur la réalité, du respect immense qu'a pour lui le monde arabe. Peut-être encore plus que les pays anglo-saxons, cette civilisation brillante a toujours porté cet animal au pinacle, ne l'utilisant comme monnaie d'échange que dans un cadre politique ou prestigieux (cadeau à un chef d'État ou tribut luxueux). L'écrivain britannique Thomas E. Lawrence en témoigne dans son célèbre roman *Lawrence d'Arabie*, relayé par le merveilleux film de David Lean où un prince du désert, avant de cesser de guerroyer et retourner dans sa tribu, désire ne pas rentrer les mains vides et ambitionne un butin d'exception : « Je veux un *objet honorable* », dit-il, avant de s'emparer d'un superbe étalon blanc pris lors du pillage d'un train turc.

VII

L'éloignement

Jeune cavalière, mes parents n'ont jamais pu réaliser mon rêve absolu, celui de tout cavalier passionné : posséder son propre cheval. Outre qu'à l'époque, et aujourd'hui encore, cela suppose un budget important, notre vie faite de voyages et de déménagements a rendu la chose impossible. Si je le regrette ? Oui, parce que je n'ai jamais connu l'assurance d'une complicité inaliénable, car un cheval prêté ou loué peut vous être ôté à tout moment ; et non, parce que posséder son cheval implique un grand engagement, surtout pour un enfant : à la différence des chiens, chats et autres lapins et canaris, le cheval vit longtemps – en moyenne, de trente à trente-cinq ans. Une telle durée, c'est considérable, a fortiori quand on est petit et qu'une simple année semble un siècle. Imaginez le déchirement qu'est la perte d'un animal qu'on a rencontré à six ans, et dont on est brusquement endeuillé lorsqu'on en a trente-cinq, voire plus : l'enfant devenu grand voit s'en aller un compagnon de toujours, presque un frère ou une sœur. Je me console en me disant que je n'ai jamais eu à subir une perte si cruelle, d'autant plus que mon entrée dans l'âge adulte allait modifier peu à peu la donne…

Après une année d'art dramatique et à l'occasion de mes études supérieures de philologie romane (équivalant, en France, aux études de lettres et linguistique), je quittai la maison de banlieue de mon grand-père, chez qui je demeurais jusqu'alors, pour habiter le centre de

Bruxelles. L'éloignement géographique de mon manège extra-muros – je ne conduisais pas encore –, la cherté des tarifs et le snobisme du seul manège situé en pleine ville, les contacts de plus en plus espacés avec mes amies cavalières qui avaient entrepris des études différentes des miennes, les cours passionnants mais chronophages jumelés à la fin de l'insouciance me détachèrent peu à peu de ma passion. Celle-ci s'estompa au profit de nouveaux centres d'intérêt, sans toutefois disparaître : un amour si profond ne peut s'évanouir du jour au lendemain ; simplement, les sorties à cheval se firent peu à peu plus rares, puis exceptionnelles.

La tentation resurgissait parfois de manière irrésistible : par exemple, si un beau dimanche à la campagne je contemplais un cheval qui batifolait dans un pré, je me débrouillais pour obtenir de son propriétaire l'autorisation de le monter et aussitôt j'« habillais » l'animal – dans le jargon de cavalier, cela signifie le seller et le brider. Le geste familier de glisser un pouce dans la « barre » (partie édentée de la mâchoire du cheval), induisant le réflexe d'ouvrir la bouche pour qu'on y passe le mors, me revenait automatiquement. Puis j'enfourchais ma monture et la griserie revenait comme avant. Tout cavalier vous le dira : « Le cheval, c'est comme le vélo ou le ski, ça ne s'oublie pas. » Que l'on ait monté pour la dernière fois la veille ou dix ans auparavant, l'équitation coule de source et tous les gestes se refont d'eux-mêmes. Cavalier un jour, cavalier toujours. Attention toutefois : le lendemain d'une chevauchée après une longue absence de pratique, les muscles de l'entrejambe, très sollicités, seront extrêmement douloureux, et on marche parfois les jambes écartées pendant quelques jours, comme un cow-boy de western !

Déménagement donc, et entrée à la fac. Études de littérature, sans pour autant abandonner cours d'art dramatique et diction. En outre, mes cours m'imposaient de lire énormément. Si je percevais cette obligation avec la même extase qu'un gourmand qu'on « forcerait » à manger un saint-honoré débordant de crème, elle réduisait d'autant mes occasions de revoir mes chers chevaux. Mais, sitôt ma première année de fac réussie, mes parents, pour me récompenser, m'offrirent un voyage avec eux en Irlande. Rien qu'eux et moi. Un privilège et un rêve que de visiter le pays du cheval par excellence, où l'équitation est une seconde nature et où les tout-petits y sont initiés comme les enfants savoyards ou suisses au ski dès qu'ils ont quatre ans. Pour mon père, c'était aussi un pèlerinage : ses propres parents firent là leur voyage de noces et, séduits par l'île, avaient décidé, s'ils avaient un fils, de le nommer Patrick, en hommage au saint patron de la verte Erin – vœu qui s'était concrétisé neuf mois plus tard… Je fus enthousiasmée par ce pays mythique où à chaque coin de prairie, dans le moindre village et même dans les rues de *Doblin* – pour prononcer à l'irlandaise –, nous ne manquions pas de voir des chevaux de races locales telle celle de Connemara (un nom que je connaissais depuis l'enfance par mes livres sur les chevaux, bien avant que je ne découvre la célébrissime chanson de Michel Sardou !), région très réputée dans le monde cavalier pour ses ressortissants équins, ou encore les hunters et les cobs, robustes chevaux de trait. Nous visitâmes aussi Ballinasloe, cité renommée internationalement pour sa foire aux chevaux et dont était originaire le cheval que l'Empereur montait à Waterloo…

Lors de mes études, le cheval revint au centre de mes réflexions via mon mémoire de fin d'études intitulé *La Figure du vieillard amoureux dans les littératures romanes.* J'y abordais entre autres le personnage de Don Quichotte de Cervantès, en tant que vieil hidalgo épris de Dulcinée. Cavalier sans peur et sans reproche, qui finit par se croire chevalier à force d'avoir lu des récits épiques, Don Quichotte est flanqué de son « écuyer », le fruste paysan Sancho Pança, comparse fidèle, bienveillant, accommodant, mais aussi lucide, casanier, terre-à-terre et bougon : en fait, humain ! Ce personnage est d'ailleurs devenu un archétype, symbolisant la facette raisonnable d'un héros trop idéaliste, voire un peu fou. Il est piquant de mentionner que deux figures de Sancho très célèbres sont des animaux : amis indéfectibles et fidèles de leur compagnon humain, mais râleurs et raisonneurs, tels sont Milou pour Tintin et Jolly Jumper pour Lucky Luke.

Et puis il y a le pendant de Sancho le matérialiste – lequel symbolise le comparse matérialiste – figuré par un personnage très particulier que je qualifierais d'« anti-Sancho » : la monture de Don Quichotte, la fameuse carne héroïque Rossinante – si célèbre que son patronyme est devenu, lui aussi, un nom commun.

Précurseur d'un surréalisme à la Dali, Cervantès dote son héros du pouvoir de faire de l'extraordinaire avec de l'ordinaire, voire du trivial. De même que le fier Don Quichotte n'a pour ascendant qu'un petit *hidalgo* – littéralement « fils de quelqu'un » – de province, mais nourri de romans héroïques et frisant le délire, se voit en noble chevalier, sa monture n'est à l'origine qu'une « carne » (autrement dit de la viande), une « rosse ». D'où le nom dont son cavalier l'affuble : métamorphosant un échalas en superbe destrier, c'est comme s'il transformait du plomb en or. Il est intéressant de noter que le genre de cette célèbre monture demeure fluctuant selon les traductions, parfois vieille jument, parfois hongre, parfois étalon. Mais que symbolise réellement Rossinante selon Cervantès ? Autant la psychologie du cavalier et celle de son ânier nous semblent, après des siècles d'études, pertinemment interprétables, autant celle de la vieille rosse est floue. Voici mon sentiment : Rossinante et Don Quichotte constituent le binôme fusionnel cavalier-cheval que j'ai souvent évoqué. À ce titre, faisant partie intégrante et intime du corps et de l'âme de son cavalier, Rossinante est pénétrée des mêmes convictions et de la même folie que celui qui la mène au galop vers les moulins à vent : soit elle se prend pour un puissant animal, persuadée d'être revêtue d'un flamboyant caparaçon tout comme son chevalier de maître prend un plat à barbe en étain pour un casque de paladin ; soit, tout simplement, en tant qu'élément du binôme, elle ne se pose pas de questions tant elle est instinctivement convaincue du bien-fondé de ce duo, si improbable soit-il. Inutile donc de doter la piteuse monture d'un caractère bien à elle, puisque, telle une forme de trouble de la personnalité, le mental de Rossinante et celui de Don Quichotte se rejoignent, le cheval étant comme le prolongement de son cavalier. Le « chevalier à la triste figure » et son échalas chevalin ne feraient qu'un, soudés jusque dans leur folie.

Par ailleurs, le choix équin de Cervantès sollicite, une fois encore mais sous un autre angle, notre imaginaire universel. De même que l'image biblique de la « vache maigre » fait tressaillir l'humanité depuis l'aube des civilisations, évoquant misère et famine, la figure du cheval décharné et branlant fait résonner en nos tréfonds un écho terrifiant. Parce que, privé de sa vigueur, notre indispensable acolyte, celui qui au fil des temps nous a menés de victoire en victoire et de progrès en progrès, ce cheval étique préfigure la menace imminente de notre propre déclin. Sans cet animal, le destin de l'humanité eût été gravement compromis ; alors, comme dans un miroir inquiétant, nous percevons en la vieille Rossinante l'annonciatrice de la mort de notre fière civilisation.

Même à notre époque dite « moderne », où les moyens de transport, les techniques de guerre et l'industrie peuvent se passer des services équins, l'image du cheval décharné, donc impuissant et déliquescent, continue à nous hanter et à évoquer le spectre de notre propre décadence, la fragilité de notre existence et la menace de la fin de notre monde. Au XXe siècle, Fellini, dans *Juliette des esprits*, évoque cette même hantise. Dans ce film, bijou de surréalisme dans la lignée des peintres comme Paul Delvaux ou René Magritte, j'ai été frappée par une image si brève qu'elle en est quasi subliminale : parmi les visions de Juliette, une bourgeoise entre deux âges qui rêve et fantasme de nuit comme de jour, un radeau flotte sur la mer près du rivage, et sur ce frêle esquif se tient un cheval d'une maigreur effroyable. Cette séquence est si furtive – à peine une ou deux secondes – que je pense ne l'avoir repérée qu'à cause de – ou grâce à – mon obsession des chevaux. Pour autant, la présence de cette micro-scène a une grande importance : de manière symbolique, Fellini nous assène par là le coup de matraque de nos terreurs de déclin.

Ainsi donc, Cervantès a réuni par son duo deux figures universelles : celle de nos rêves fous de gloire et de suprématie, jouxtant intimement celle de nos craintes les plus viscérales que sont la faim, l'impuissance, la défaite, la mort.

C'est le moment de se comporter tels le cheval et les autres animaux, lorsqu'ils veulent se débarrasser du traumatisme d'avoir été poursuivis par un prédateur auquel ils ont échappé de justesse : comme le conseillent les chamanes amérindiens, ébrouons-nous telles ces bêtes miraculées pour évacuer le stress et la peur, d'un frémissement qui naît de l'échine et s'évanouit à la base de la queue ; rien de mieux pour tirer un trait sur le souvenir du danger. Précieuse leçon de vie que nous donne le cheval, outre les bienfaits dont il nous a gratifiés tout au long des millénaires. Dans le film *La Vie des autres*[21], se déroulant dans l'ex-Berlin-Est, un héros dissident illustre sa lutte contre l'oppression par cette image bien connue : « Que fait un cavalier quand il est tombé ? Il remonte sur son cheval. »

Alors, remettons le pied à l'étrier pour continuer à grandir.

VIII

Au-delà de la peur

Avec l'âge naissent certaines nouvelles passions ou centres d'intérêt. Sans nécessairement qu'on renie ceux qui nous animent déjà. Pour moi, le cheval a ainsi dû peu à peu céder une partie de son pré carré à ma découverte d'un autre « art » : la cuisine. Devenue journaliste culinaire, c'est naturellement que je me suis intéressée à examiner ce que nous donnons à manger à nos chevaux.

Petites, quand ma mère nous recommandait, à ma sœur et moi, de ne présenter une friandise à un cheval que bien à plat sur la main pour éviter de se la faire avaler toute entière, j'ai compris que, comme les humains, le cheval est un grand gourmand. Si le bébé que nous étions renaît en nous dès que nos papilles perçoivent le goût sucré qui fut celui de nos premières tétées, il en va de même pour le cheval qui, à peine quelques minutes après sa naissance, goûte au lait tiède et suave de sa mère (les peuples consommateurs de lait de jument, comme les Mongols, le disent plus sucré que celui de vache). Aussi, quand il voit que vous arrivez avec une friandise, se livre-t-il à une pantomime divertissante, tapant du sabot contre la porte de son box, faisant avec ses lèvres une moue de mendiant et penchant la tête sur le côté, presque à l'horizontale. « Quand il fait ça, ça veut dire qu'il demande », m'expliqua un jour un garçon d'écurie. Aujourd'hui, les vétérinaires déconseillent fortement le traditionnel morceau de sucre, mauvais pour les dents, mais une pomme ou une carotte, aliments naturellement riches en glucides, suffisent à faire le bonheur de notre équin au bec sucré !

Comme tout gourmet qui se respecte, le cheval n'est pas une gouelle qui mangerait n'importe quoi. Anecdote (ou plus probablement légende) amusante : Napoléon Bonaparte, durant une campagne en Allemagne, goûta un pain noir au seigle qu'il déclara immangeable avant d'assurer que « même Nickel [son cheval noir] n'en voudrait pas ». Comprenant à demi ce commentaire désobligeant émis en français, les Allemands rebaptisèrent ce pain *Pumpernickel*, « pain/pas pour Nickel ». Car le cheval a une inclination très française : il raffole du pain ! Est-ce un hasard si nos boulangers ont nommé le mélange levure-eau censé activer la levée de la pâte une « pouliche » ?

La civilisation a fait du cheval, comme nous, un « animal dénaturé ». À l'origine, il broutait l'herbe des prairies, tout comme l'humain se contentait de chasse et de cueillette. Aujourd'hui, ce dont nous nourrissons nos montures, du moins dans nos cercles équestres occidentaux, ressemble à un menu d'athlète élaboré par une légion de diététiciens du sport très pointus. Déjà sophistiquée, la ration des montures de mon adolescence se composait d'un savant mélange d'orge et d'autres céréales, d'un peu d'avoine et d'un soupçon de « sucre de paille », qui ressemble à une poudre fibreuse un peu collante et couleur de mélasse. C'est en quelque sorte le sel et le poivre destinés à rendre savoureux le mélange, tout en apportant une source de sucres rapides. Ce salmigondis proto-diététique fait figure de gastronomie vieillotte en comparaison des aliments équins actuels : croquettes, flocons, müeslis ou barres énergétiques, le tout déshydraté, lyophilisé voire extrudé, selon le jargon de l'industrie agroalimentaire.

Exception *hype* à cette standardisation des aliments chevalins : le fameux foin de la plaine de Crau, dans les Bouches-du-Rhône. Il s'agit d'une herbe très riche et goûteuse qui devient en séchant le caviar du foin – le seul de sa variété à détenir une AOP ! –, que les riches propriétaires de pur-sang s'arrachent pour en délecter leurs exceptionnelles montures. Les importateurs les plus férus de cette manne sont les Émirats arabes unis, assez fortunés et adorateurs de chevaux pour se la procurer en quantité. Par contre, terminé le picotin d'avoine des images d'Épinal. Nourrir votre cheval exclusivement de cette céréale reviendrait presque à lui fournir des rails de cocaïne. L'avoine pure pour le cheval, c'est une véritable drogue – c'est du moins ce que les manèges professaient dans les années 1980. Cet aliment que les humains peuvent consommer sans modération induit en revanche chez le cheval une excitation qui peut dégénérer en conduite dangereuse chez certains spécimens un peu fragiles, notamment les pur-sang de course qui, même « à froid », ont la tête près du bonnet. J'ai connu une jument de cette sorte, qui entre autres exploits, après débarquement de son cavalier, s'était emballée sur une autoroute à quatre voies.

En effet, le cheval, comme nous, peut devenir fou. Pensons au célèbre chef amérindien Crazy Horse à qui il est fait allusion dans le western *La Charge héroïque* de John Ford : si le chef du peuple lakota avait adopté ce nom, c'était en connaissance de cause. Certes les animaux sont tous potentiellement menacés de désordre mental, mais chez le cheval, c'est particulièrement visible. Il présente ainsi parfois des symptômes ressemblant à de la bipolarité ou de la paranoïa. Un animal sensible peut se comporter docilement jusqu'au moment où, à la moindre contrariété, il couche les oreilles en arrière – signe évident de mécontentement – et devient indocile voire insupportable pour plusieurs heures. Les dresseurs les plus expérimentés savent qu'il n'y a alors rien d'autre à faire que d'attendre que l'orage passe. Le cheval est le seul animal que l'on qualifie d'« ombrageux », et nombre de représentations picturales le dotent d'un regard exorbité qui confine à la folie, de naseaux frémissants et de veines saillantes. Ainsi du *Cheval attaqué par un lion*, du peintre George Stubbs déjà évoqué : sur ce tableau de 1762, on voit un superbe animal qui, bien que sous l'emprise d'un effroi immense exprimé par des yeux riboulants qui lui donnent la mine d'un aliéné, tourne l'encolure à cent quatre-vingts degrés pour lutter contre un lion qui lui mord la croupe. Car, quels que soient sa puissance, son courage ou son humeur, le cheval reste avant tout une proie et donc, par essence, a peur.

Une peur que j'ai dû affronter moi aussi. Pas seulement quand je suis montée sur un cheval pour la première fois au Japon, petite fille craintive qui, collée aux flancs de sa monture, s'efforçait d'avoir, comme elle, un peu moins peur ; mais aussi pendant les différentes étapes et épreuves de ma vie, tandis que je gagnais en âge et en expérience. Grandir avec le cheval m'a permis de partager cette frayeur instinctive et de m'y confronter, car le vrai courage n'est pas d'ignorer le danger mais de lui faire face. Si je n'ai évidemment pas vaincu toutes mes peurs – et j'en rencontrerai sans doute encore bien d'autres à l'avenir –, je continue de m'inspirer du cheval chaque jour de ma vie et surtout d'aimer cet animal singulier, multiple et si extraordinaire.

Malgré la raréfaction de mes rencontres équestres, je tends toujours une oreille ravie dès que j'entends dans la rue un groupe de cavaliers qui passent, je suis émue quand je vais chercher ma nièce au manège : je regarde l'assise de la selle de son poney et j'éprouve, sans qu'il me soit nécessaire de l'enfourcher, la sensation exacte du corps juché sur sa monture. Et si je tombe par hasard sur un concours hippique à la télévision, je retrouve alors mes réflexes d'ado passionnée qui, aux côtés de son grand-père, assistait, parfois en live, souvent en retransmission télévisée, à des épreuves de jumping. Tandis que Schockemöhle, ce champion ouest-allemand qui écrasait ses concurrents dans les années 1970-1980, et d'autres cavaliers émérites rivalisaient de talent à franchir des obstacles de hauteur ou de largeur vertigineuses, je retenais mon souffle, rentrais le ventre, serrais les dents instinctivement pour que les sabots ne touchent pas ou ne fassent pas tomber une barre, ou que la monture ne refuse pas l'obstacle soit en le contournant, soit en pilant net, projetant le cavalier de l'autre côté. Encore aujourd'hui, ce spectacle aussi aérien que haletant me propulse en 1975 et 1976, années américaines où je participai aux deux concours hippiques juniors déjà évoqués.

Désormais, je fais du cheval si j'en ai l'occasion, sans que ce me soit une nécessité. Peu importe la place moins prépondérante qu'il occupe à présent, il demeure ce comparse qui a jalonné ma vie d'apprentissages et de repères. Puis, qui sait, mes jours futurs me ramèneront peut-être vers les écuries. Comme mon arrière-grand-père qui montait encore à plus de quatre-vingts ans, alors qu'il était presque aveugle. Guidé par son cheval, il revenait de promenades en forêt le visage à peine égratigné par des brindilles qu'il n'avait pas vues. Seul, il n'aurait sans doute pas évité maintes branches basses et aurait dû rentrer à pied et à tâtons.

Aujourd'hui, on peut se demander plus généralement quelle est la place du cheval dans notre civilisation hyperconnectée, médiatisée, mécanisée, où les avancées technologiques sont d'une rapidité exponentielle. Toujours présent dans notre imaginaire, il ne relève cependant plus du besoin mais du seul *désir*. Est-ce un bien ou un mal ? L'un et l'autre. Notre civilisation peut désormais se passer de ses services naguère vitaux. Pour autant, le cheval, réduit aujourd'hui à un loisir de luxe, demeure indispensable à l'humanité. Pour l'équilibre de notre planète d'abord, au même titre que toutes les espèces animales dont l'éradication est chaque fois dommageable, car chaque spécimen vivant participe à l'écosystème global. Mais aussi pour notre équilibre tout court, parce que dans la mémoire et le vécu de chacun d'entre nous, il y a au moins un événement, un souvenir, une histoire qui nous relient à cet animal si exceptionnel.

Nos goûts s'enchaînent et semblent se trahir, mais c'est illusoire. Nos premières amours sont sacrées et ne sont enfouies que sous une fine couche de sable que la première marée suffit à balayer d'un revers de vague. Certes la vie m'a inoculé des passions successives : celles de la danse, de la littérature, de la musique, du cinéma, et de la cuisine, dont j'ai fait mon métier. Malgré tout, ma passion pour le cheval est demeuré intacte. Je n'ai rien oublié de ma fascination – voire mon obsession – enfantine puis adolescente, ni de mes sensations équines allant jusqu'à l'ivresse. Et, à la moindre évocation, tout vit et vibre en moi, me faisant revivre encore et encore le coup de foudre de mes huit ans.

Notes

1. Marguerite Yourcenar, *Mémoires d'Hadrien*, Plon, 1951.

2. Amélie Nothomb, *Le Sabotage amoureux*, Albin Michel, 1993.

3. Edwyn Hartley Edwards, *Encyclopédie du cheval et du poney*, Cil, 1981.

4. *Ibid.*

5. S. Fletcher, *Un bûcher sous la neige*, J'ai Lu, 2022.

6. L'accent tonique mis sur l'avant-dernière syllabe tend à rendre muette la dernière, d'où cette orthographe. Selon le même schéma, la plupart des finales en *us* ont disparu.

7. *Un éléphant ça trompe énormément*, film réalisé par Yves Robert, 1976.

8. *Hair*, film réalisé par Milos Forman, 1979.

9. *La Danza de la realidad*, film réalisé par Alejandro Jodorowski, 2013.

10. Georges Brassens, *La Complainte du petit cheval blanc*, 1953.

11. *Le Cheval de Turin*, film réalisé par Bela Tarr, 2011.

12. *L'homme qui murmurait à l'oreille des chevaux*, film réalisé par Robert Redford, 1998 ; R. Hunt, *Think harmony with horses*, 1998.

13. Morris et René Goscinny, *Le 20e de cavalerie*, BD, 1965.

14. *Le Parrain*, film réalisé par Francis Ford Coppola, 1972.

15. *En route vers le Sud*, film réalisé par Jack Nicholson, 2003.

16. Monument à Louis XIV, statue de Francois-Frédéric Lemot, 1825, place Bellecour, Lyon.

17. Joseph Kessel, *Les Cavaliers*, 1967 ; film éponyme réalisé par John Frankenheimer, 1971.

18. *Mayerling*, film réalisé par Terence Young, 1968.

19. *Autant en emporte le vent*, film réalisé par Victor Fleming, 1939.

20. *Le Grand National*, film réalisé par Clarence Brown, 1944 ; *Sarah*, réalisé par Bryan Forbes, 1978.

21. *La Vie des autres*, film réalisé par F. H. von Donnersmarck, 2006.

Remerciements et reconnaissance

À Virginie François, qui par son aide précieuse
et indispensable a permis à cet ouvrage,
tel un poulain dès la naissance, de tenir debout.
À Stéphanie, pour sa confiance.
Enfin, aux chevaux qui ont compté
et par ordre de rencontre :
Dina, Honey, Margotte, Molly, Peter Pan,
Sunny, Glory Hallelujah, Beaujangles, Charlie,
Bouton d'Or, Zorro, Boy, Tamerlan, Tamaria,
Balta, Franklin, Gus, Sinji.

Composition : IGS-CP
Impression :Éditions Albin Michel
22, rue Huyghens, 75014 Paris
www.albin-michel.fr
ISBN : 978-2-226-47638-8
N° d'édition : 25091/01 - N° d'impression : 2066795
Dépôt légal : septembre 2022
Imprimé en France